남편의 그녀

현대수필가100인선 II · 84

남편의 그녀

이용미 수필선

수필과비평사 · 좋은수필사

■ 책머리에

수필은 누구나 부담 없이 읽고, 마음만 먹으면 직접 쓸 수도 있는 가장 친근한 문학이다. 다른 영역의 문학이 영상매체에 밀려 신음하고 있는 중에도 수필 인구만은 날로 증가하여 바야흐로 수필 전성시대를 구가하고 있는 이유도 거기에 있을 것이다.

시대적 추세에 힘입어 수많은 수필전문지, 수필동인지가 창간되고, 이에 비례하여 신진 수필가도 날로 늘어나다 보니 이제는 그 많은 작가, 그 많은 작품 중에서 문학성 높은 작품을 가려 읽는 일이 쉽지 않게 되었다. 이런 현상은 작가에게나 독자에게나 결코 바람직한 일이 아니다. 더 나아가서는 수필을 연구하는 후세들에게도 큰 부담이 될 것이다.

이런 문제를 해결하는 데는 출판인도 마땅히 한몫을 감당해야 한다는 평소의 소신에 따라, 본사가 기꺼이 그 역할을 맡기로 했다. 그 첫 번째 사업으로 시대를 대표할 만한 수필가 100인을 선정하고, 작가가 자선한 40편 내외의 작품을 수록한 문고본을 발간하여 이를 널리 보급함으로써 그 소임을 다하고자 한다.

본사는 사명감을 가지고 이 사업을 추진해 나가기로 했다. 작가 선정을 전담할 편집위원회를 구성하고 전권을 위임하여 일체의 사적인 정실이나 청탁을 배제함으로써 전문성과 공정성을 확보해 나갈 것이다.

따라서 이 기획물 속에는 작가의 문학정신뿐만 아니라, 본사의 문학사적 기여 의지와 편집위원 제위의 수필문학에 대한 애정과 문인으로서의 양심이 함께 담겨 있음을 자부한다. 다만, 작가를 선정하는 기준에는 많은 견해의 차이가 있을 수 있고, 선정 과정에서도 미처 챙기지 못한 부분이 있을 것이라는 사실만은 인정하지 않을 수 없다. 이 점에 대해서는 관계자 여러분의 양해 있으시기 바란다.

이 시리즈의 발간 순서는 작가, 또는 본사의 사정에 의한 것일 뿐 그 밖의 어떤 기준도 적용하지 않았음을 밝힌다.

본 기획물이 시대를 초월한 많은 수필 애호가들의 관심과 애정 속에 우리나라 수필문학 발전에 한 이정표가 되기를 바랄 뿐이다.

본사에서는 이상과 같은 취지로 ≪현대수필가 100인선≫ 전 100권을 완간하여 큰 반향을 불러일으킨 바 있다.

그러나 우리 수필문단의 규모나 수필문학의 수준에 비추어 선정 작가를 100인으로 한정하는 것은 형평성이나 효율성 면에서 크게 부족하다는 의견이 많았고, 본사 또한 이를 통감하던 터라 기꺼이 ≪현대수필가 100인선Ⅱ≫를 발간하기로 했다.

본사의 충정에 찬동하여 출판에 응해주신 저자 여러분에게 진심으로 감사한다.

2020년 5월 일

수필과비평사 · 좋은수필사 발행인 서 정 환
현대수필가 100인선 간행 편집위원 강 호 형   최 병 호
오 세 윤   박 양 근
허 상 문

| 차례 | 현대수필가100인선 II · 84

1_부

모녀와 술 • 12
앵두나무 아래서 • 16
나는 약간 반짝이는 것이 좋다 • 19
남편의 그녀 • 22
며느리와 딸 • 25
칠순이 할매 일기 • 29
책 권하는 의사 • 33
버리는 기쁨 • 37
강 건너 불 • 40

2_부

그 이름 따라서 • 44
깐뒤 • 48
앉을 자리 설자리 • 51
액막이 밥그릇 • 55
미녀 • 58
격세지감 • 62
새엄마 • 66
언제던가 • 72
봉선화 • 75

3_부

채송화 • 80
금붕어가 되고 싶다 • 84
창밖의 여자 • 87
물 같고 불같은 • 91
오일장에 막걸리 두 잔 마신 여자 • 95
장롱을 밀어낸 나의 서재는 • 99
되로 주고 말로 받고 • 102
엄마 마음 • 105
이제는 노을이다 • 109

4_부

자장면 먹은 뜻은 • 118
매실과 아버지 • 121
박토의 고추 • 125
역사와 설화 • 128
오래된 집 • 132
바늘꽂이와 보톡스 • 136
분홍색 연가 • 140
붕실이와 장다리 • 144
묵은지와 내 글 • 148

5_부

물위에 쓴 편지 • 154
북장단 • 158
흔적 • 162
꽃이 되고 신이 되고 • 165
그래도 세상엔 • 169
생일 • 173
나의 삶 • 176
쌀밥 • 179
대원군 당신이 그립습니다 • 183

◼ 작가연보 • 186

1부

모녀와 술
앵두나무 아래서
나는 약간 반짝이는 것이 좋다
남편의 그녀
며느리와 딸
칠순이 할매 일기
책 권하는 의사
버리는 기쁨
강 건너 불

모녀와 술

 어머니는 술이 달다고 했다. 오래전 여든셋에 돌아가신 어머니는 평생을 그렇게 술을 즐기다 가셨다. 끼니 전후로 소주 한 잔씩을 보약처럼 마시며 정말 맛이 있다고 입맛을 다셨다. 안주도 필요 없었다. 부엌 뒤뜰에는 항상 큰 소주병이 나무상자에 몇 병씩 담겨 있고, 그 옆으로는 빈 병이 나란히 놓여 있었다. 식당 방 찬장 속에는 소주잔이 아닌 맥주잔을 얹은 소주병이 일상 쓰는 그릇과 반찬들과 함께 자리 잡고 있었다. 어머니가 술을 마시는 것은 장날이면 사다가 벽장에 넣어두고 하나씩 꺼내주는 눈깔사탕이나 과자를, 내가 맛있게 먹는 것과 같은 것으로 알았다. 다만 "우리 막내 다 크는 것도 못 보고 눈감으면 불쌍해서 어쩔거나." 하면서 날 바라볼 때면 금방이라도 어디론가 떠나버릴 것 같아 어머니 목을 껴안고 엉엉 울어대며 엄마와 나를 슬프게 하는 것이 술이라는 생각으로 우리 집에 있는 술이 어디로든 다 가버렸으면 좋겠다고 생각했다.

초등학교 교장으로 퇴직하신 고지식한 아버지는 제사 때 음복 외에는 술을 입에 대는 일이 없으셨건만 술 마시는 어머니를 탓하는 것을 못 보았다. 한번은 과한 술 때문에 넘어져 팔이 골절되기까지 했다. 불편함에 온갖 짜증을 내는데도 다 들어주며 어린애 달래듯 하는 모습은 자못 경건하기까지 했으니 허락된 음주를 마음껏 즐기신 셈이다. 어려서부터 병약했다는 어머니는 괜찮게 사는 외가의 1남 4녀 중 셋째 딸인데 병치레가 잦다 보니 이곳저곳에서 점을 보기도 했나 보다. 그때마다 공부를 많이 시키든지, 나이 차이가 나는 사람과 결혼을 시키라고 했대나. 그래선지 네 자매 중 보통학교를 졸업한 사람은 어머니뿐이라고 했다. 그러나 혼기가 넘는 열아홉이 될 때까지 원인도 모르게 시름시름 앓고 있으니까 신풀이를 해주라는 등 말이 많았다고 했다. 그럴 무렵 딸을 셋이나 두고 상처한 아버지가 외삼촌이 다니는 학교에 부임해서 담임을 맡게 된 것을 계기로 두 분이 결혼하게 되었단다. 아버지하고는 열세 살, 큰언니하고는 불과 여덟 살 차이밖에 안 났지만, 바로 큰오빠를 낳고 건강이 많이 좋아진데다 할아버지의 며느리 사랑이 워낙 지극해서 그리 힘이 들지는 않았다고 했다.

아버지와 달리 약주를 좋아하시는 할아버지를 위해 밀주密酒를 조금씩 떨어지지 않게 담가 드렸다는데 그때마다 조금씩

맛을 본 것이 음주 습관이 된 듯싶다. 아니 습관이기보다 병치레로 살림도 제대로 못 배웠을 어머니가 대식구 살림에다, 평이하지 않은 가족관계의 어려움을 그것으로 풀었는지도 모를 일이다. 이 생각은 지금에야 해보는 것으로, 평소 머리 한 올 흐트러지게 않고 작은 먼지 꼴도 못 볼 정도로 깔끔한 분이라는 것은 안중에도 없었다. 오직 술을 많이 마신다는 것만이 창피하고 부끄러워 아예 무시하고 살 정도였다. 그런 내게 술 마실 기회가 오면 병적인 반응으로 사양과 자제를 하는 것은 너무도 당연했다. 그런데 언제부터였을까, 나도 모르는 새 한두 잔씩 하게 된 것이. 대부분 지인들과 식사 자리에서 하는 반주 정도지만 술을 위한 술자리 모임도 가끔 있다. 이때는 한 잔만, 딱 이번만 하면서 자꾸 권하고 받는 것이 부담스러워 요령껏 빈 그릇과 물컵 등에 비우는 속임수를 쓰기도 한다. 그러나 매번 그럴 수는 없어 맛도 모른 채 대부분 마시면서 꽤 마셔도 얼굴색이 변하지 않고, 속이 불편하지 않은 걸 보면 음주에 소질을 타고나지 않았나 생각할 뿐이다. 그날도 그런 생각을 하며 마셨을까. 비틀걸음 정도까지 되어 조금 늦은 귀가를 했던 날이다. 골목으로 며느리 마중을 나오셨던 시아버님을 보는 순간 찔끔하는 마음과는 달리 횡설수설하며 실실 나오는 웃음을 참을 수가 없었다. 덕지덕지 눌어붙었던 오래된 푸념의 찌꺼기가 깨끗이 벗겨지는 듯한 시원함에 자꾸자꾸 웃었다. 예전 우리 할아버지가 당신의 애주(愛酒)를 며느리가 맛보며 그 맛을 익힌 줄 모르셨듯이, 시아버님도 당신 며느리가 술에 취해서 실실거린다고는 꿈에도 생각하지 못하셨으리라. 술은 그렇게 평소 하기 힘든 말과 행동을 펼칠 수도 있고, 던질 수도 있는 고마운 것인지 모른다. 나도 그 매력에 익숙해지는 것 아닐까 싶어 생각해 보다가 깜짝 놀란다. 난, 평소 감정의 굴곡이 심한 것이라든가, 실제 가족관계 등 여러 면에서 어머니를 많이 닮았다. 남편 또한 우연히도 친정 아버지와 비슷한 점이 많다. 취한 내게 나무람 없이 조금씩만 마시라고 타이르는 것 또한 마찬가지다. 함께 해야 할 술자리를 쉽게 빠져나올 비위나 용기도 없고, 권해 오는 술 단호하게 뿌리치는 의지도 약해서 주량까지 닮아갈까 걱정이다. 그러면서도 왜 그토록 마셔대느냐고 화를 내는 내게 아주 기분 좋은 얼굴로 "맛이 있어서."라며 행복해하시던 어머니를 떠올린다. 그 진정한 맛을 알면 나도 지금보다 많이 행복해지지 않을까 생각하며.

앵두나무 아래서

　대문을 열자 뽀얀 얼굴 앵두꽃이 방긋 웃는다. 온종일 남녘에서 물리도록 보고 온 꽃이건만 보아온 꽃들과는 다른 다소곳함이 사랑스러워 그 옆에 섰다. 맵던 바람결에 조그맣던 봉오리가 햇빛이 고와지자 눈부시게 피어났다. 이 고운 자태가 소리 없이 사라지면 쌀알만 하던 열매는 콩나물 콩만 하게, 다시 메주콩만 한 모습으로 그 자리를 지키겠지. 익는 구분이 애매한 흰 앵두지만 같이 살며 지켜본 세월에 윤기 나는 정도로 금방 알 수 있는 앵두나무는 깊은 우물 옆에 서 있었다. 몇 번의 집수리를 하면서 우물은 메우고, 앵두나무는 베어버렸는데 다시 새 가지가 돋아 열매까지 맺으니 그 나무로 생각되어 결혼하던 해 일들이 어제처럼 떠오른다.
　처음 인사 왔던 날 시어머님은 앵두나무 옆에 서 계시다가

"어서 오너라." 한 말씀만 하셨다. 그이와 시어머니, 일 보는 애, 그 옆의 꼬마, 앵두꽃이 어울려 모두 하얗게 보이는 봄날이었다. 그 봄에 결혼하고 신방으로 꾸며질 방이, 사는 사람들의 이사가 늦어져 임시로 머문 방은 창문 열면 바로 눈앞에 앵두나무가 보였다. 연둣빛 콩나물콩만 한 앵두가 달려있었다. 피난 짐 같은 혼수 보따리는 거실에 가득 쌓여있고, 주문해 놓은 가구점에서는 언제 들이겠느냐고 독촉이 심했다. 옆방 사람들은 대문만 드나들 뿐 말이 없었다.

앵두가 메주콩만 한 우윳빛으로 변해 가는 무렵에야 신방이 꾸며졌다. 길지는 않았지만, 신방으로 들기까지 지루했던 그 기간 앵두나무를 보는 것이 큰 위안이었다. 어느새 초록 잎 사이사이 빼곡히 박힌 앵두가 진주처럼 빛나고 있었다. 옆의 빨간 보리수 열매와 함께 따서 큰 유리 항아리에 술을 담가 광으로 옮겼다. 해마다 담근 술이 반쯤, 혹은 가득 담겨있는 옆에 나란히 놓았다. 그런 어느 날 두 오빠가 오신다는 연락이 왔다. 외출 준비를 하시던 꼼꼼한 시어머님은 기어이 당신 손으로 주전자에 술까지 담아놓고 나가셨다. 아버지 같은 오빠들은 내 사는 모습이 안심이었는지 기분 좋은 모습으로 주거니 받거니 술은 금방 바닥이 났다. 한 주전자, 두 주전자……. 줄어든 표시가 확 나는 술 항아리. 어떡하나? 나무라시지는 않겠지만 오빠들을 술꾼으로 알면 어쩌나? 헤픈 며느리로 알면 어쩌나. 그보다 분명 어머니 몫인 광 열쇠!

끼니때마다 필요만큼의 쌀과 부식을 내주시고 문에는 항상 자물쇠를 잠그는 광에 몇 번을 드나들었는가? 겁이 나서 큰 바가지에 물을 받아 설탕을 한 움큼 넣고 저어 술 항아리에 부었다. 진분홍에서 연분홍색 술이 되었다. 광 문을 자물쇠로 잠그고 열쇠는 제자리에 그대로 놓아두었다.

　한참 뒤, 술이 필요한 때에야 부패한 술 항아리를 발견하고 원인을 궁금해 하셨지만, 얌전한 며느리로 자리매김해 가는 나를 의심하는 빛은 조금도 없으셨다. 어머님 가신 지 10년이 넘었다. 지금도 해마다 거르지 않고 앵두술을 담근다. 그때 어머님은 정말 술이 부패한 원인을 모르셨을까. 여전히 궁금해 뽀얀 꽃 곱게 핀 앵두나무 아래서 고개를 갸웃대 본다.

나는 약간 반짝이는 것이 좋다

 어떤 옷이 화면에 괜찮게 나올까. 뜻하지 않은 방송 섭외에 입을 만한 옷이란 옷은 다 꺼내서 입고 벗고 나 홀로 쇼를 며칠 간 했다.
 난 평소 입는 옷을 추울 때는 따뜻하고 더울 때 시원하면 그만이라는 생각을 하지만 아무 기준 없이 입진 않는다. 단색 위주로, 조그만 나의 체구를 누르지 않는 역시 작은 무늬를 선호한다. 요즘은 많은 이가 천연섬유를 찾지만 난 약간의 인공이 가미된 인공섬유를 좋아한다. 자연스러움이 좋다고들 해도 구김이 그대로 나타나 지워지지 않는 마麻나 면綿섬유의 겉옷을 그래서 좋아하지 않는다. 약간의 광택과 구김이 없는 인공섬유는 그래서 좋다. 같이 빨래해서 널어도 빨리 마르고 잔손질이 거의 필요 없어서 바쁘게 사는 요즘에 그만이기도 하다.

난 남 앞에서 약간 튀는 것을 좋아한다. 마음에 안 드는 자리라든가 불편한 자리에서는 아예 말을 안 하니 내성적이라는 말도 듣지만, 대부분의 자리에서는 많이 떠드는 편이다. 남이 큰 소리로 얘기하면 되도록 작은 소리로 얘기해서 시선을 끄는 식으로 유도할 때도 있다. 사진을 찍을 때도 거의 가운데서 찍는다. 키가 작다 보니 자의 반 타의 반 그렇게 된 듯싶지만 이젠 아예 당연한 것으로, 가장자리에 서면 무리에서 이탈된 것 같은 서운함마저 느끼게 되니 버릇도 참 묘하게 든 셈이다. 그렇다고 무턱대고 나부대는 인상은 주기 싫어 눈치껏 행동한다. 적당히 양보도 하는 체, 겸손하기도 한 체 내숭을 떨기도 한다. 큰 목소리 내지 않고도 적잖은 인원의 단체를 이끌 수 있었던 것은 아마 그런 튀지 않으면서 튀는 성격이 한몫했다는 생각이다. 이면에는 살면서 무엇보다 큰 덕인 인복의 많음에 있다. 반짝일 만큼 많은 인복이다. 어려서부터 예쁘다든가 상냥하다는 소리를 들어본 일이 없지만, 누군가에게 잊히지 않을 미움을 받았던 기억도 없다. 크게 호강을 받은 건 아니지만 내 또래들이 흔하게 겪은 심한 가난의 굴레라든가 지나치게 가부장적인 아버지의 권위에 눌려 살지도 않았다. 오빠나 동생들 때문에 배움의 기회를 잃었다거나 크게 양보할 일도 없었다. 그저 무사 무탈하게 보낸 청춘기는 아무리 빛나거나 튀어 보고 싶어도 그럴 만한 사건 하나 없이 지나간 셈이다. 4~5년간 편지만으로 절절한 사연을 주고받던 사람과의 별리가 내

반생애 가장 큰 사건이라면 사건이고 아픔이라면 아픔이었으니까.

잠재된 나의 튀는 성향, 약간 반짝이는 것을 좋아하는 성격은 중년에 제대로 나타나게 되는데 시아버님이 일조를 해주셨다고 할까? 아이들에게 유난히 관심이 많았던 아버님은 심지어 자모회의에도 참석하시어 내게 회장 자리를 권할 정도였다. 그렇게 떠밀리듯 맡았다가 놓았다가 하는 여러 경험은 내 정체성을 찾는 좋은 계기가 되었던 것 같다. 크게 빛나거나 꼭 맞는 자리가 아닐지라도 마다하지 않았고 최선을 다하는 동안 작은 빛이라도 낼 수 있어 그건 보람이었다. 그러다 보니 나도 모르는 새 키운 욕심으로 주제넘은 실수를 하는 때도 적지 않다. 그런 때도 넓게 감싸며 길을 열어주는 사람들이 항상 있으니 내 인복은 어디서 연유한 것일까. 난 여전히 약간 반짝이는 것을 좋아하며 반짝이기를 원하는데 누가 팔 걷고 말리려 들진 않을까?

남편의 그녀

 "그녀에게서 새로운 메시지가 도착했습니다." 영혼 없이 녹음된 목소리가 크게 울렸다. 대부분 무관심한 듯했지만, 이상한 눈길이 나를 향하는 것도 느낄 수 있었다. 바뀐 휴대전화 사용법을 대충은 익혔는데 수신 문자가 음성으로 되어 있는 것은 몰랐다. 통화 수신음같이 계속 울리지 않고 한 번으로 그친 것이 다행이라는 생각과 함께 그녀가 전혀 다른 사람인 듯 떠올랐다.
 누가 봐도 첫눈에 반할 인물은 아니게 예쁜 구석이라고는 없었다. 눈, 코, 입은 말할 것도 없고 비쩍 마른 몸매에 키는 작았다. 생애 제일 큰 스트레스라는 겪지 말아야 할 맘고생을 겪고 있는 내게 부모의 주선으로 마지못해 나간 자리였다. 특별한 관심도 호감도 없는 데다 인물까지 그러니 소 닭 보듯

앉았는데 그녀 역시 꾸어다 놓은 보릿자루나 다름없었다. 아무런 호기심도 없다는 듯 그저 무심한 눈길을 마시다가 만 찻잔에 주고 있었다. 약속 장소가 엇갈려 늦어진 시간이 다행이다 싶은데 이미 점심때가 되어 몸보신 될 만한 것을 먹이고 싶다는 생각이 드는 것은 보호본능이었을까. 그러나 평소 영양식이라는 것을 모르기에 갈비탕과 우족탕이 떠올라 둘 중 무엇을 원하느냐 물으니 엉뚱하게도 짜장면을 먹겠단다. 중국집을 찾느라 꽤 많은 시간을 헤맨 끝에 마주앉았지만, 여전히 할말은 찾지 못한 채 부지런히 짜장면을 입에 넣는데 그녀는 생긴 것과 같이 음식도 조금, 먹는 시늉으로 그쳤다. 그 모습이 왜 그리도 짠하던지. 인연이란 참 알 수 없는 일이다. 음식을 깨작대는 그녀가 안쓰러워 보이던 나와 달리 그녀는 내 허겁지겁 먹는 모습이 안쓰러웠다고 뒷날 글에서 밝힌 걸 읽었다. 짜장면을 먹겠다고 한 것도 먹고 싶어서가 아니라 맞선을 본 날 분위기 없이 탕 종류를 권하는 모습이 어이가 없어서라는 것도. 그렇게 부부가 된 그녀와 살아온 지 강산이 몇 번을 변했다. 그녀는 그동안 으르렁대는 호랑이가 되기도 하고 지칠 줄 모르는 소인가 싶으면 꾀 많은 여우가 되어 나를 놀라게도 하고 웃게도 하며 든든한 가정을 꾸리더니 언제부터였을까. 변했다. 30여 년을 오로지 직장에만 매달리다 끈 떨어진 매 신세가 된 나와 달리 억척스레 자기 일을 개척한 그녀는 이제야 자기 세상을 만난 듯 집보다 밖에서 더 많은 시간을 보낸다.

나와는 별 볼 일 없다는 듯 깔깔대며 하던 이야기마저 생략해 버릴 때가 많다. 선보던 날 소 닭 보듯 하던 나를 흉내 내고 있는 것 같아 혼자 앓는 속을 그녀는 알까? 그녀가 없는 식탁에서 대충 데운 국에 밥 한 덩이 말아 먹은 듯, 만 듯 끝내고 그나마 친구가 있고 위안이 되는 기원棋院으로 향하는 쓸쓸함을 알 리가 없다. 모르기에 금연 못 하는 이유의 장소로만 생각하는 것이리라. 반복되는 일상의 현실을 탓할 수도 없는 나날이다. 그러나 오늘은 다른 날과 달리 들뜨는 마음이다. 그녀의 첫 수필집 제목으로 휴대전화에 입력된 나, 〈그 사람〉에 맞추어 내 휴대전화에 저장된 그녀, 이젠 두 팔로 안아야 할 만큼 넉넉해진 그녀의 두 번째 수필집 제목 '창밖의 여자'로 바꾸어 입력해 볼까? "창밖의 여자에게서 새로운 메시지가 도착했습니다." 하는 음성 메시지가 들리면 또 다른 자극이 되어 옛날의 당당함을 되찾을 수 있지 않을까.

휴일이 끝난 다음 날 만원인 피부과에 갔다가 차례를 기다리기 지루했던 남편이 보낸 메시지에 답을 했더니 그런 상황이 되었었나 보다. 모처럼 둘이서 한참을 웃은 뒤 스케치해본 남편 마음이다.

며느리와 딸

 노부부와 그보다 조금 덜 나이 든 여인을 태운 택시는 쏜살같이 사라졌다. "저런,······." 옆에 앉은 나와 비슷한 연배의 여인네들 표정을 훑어봤다. 자기가 탈 버스를 기다리는 무심한 모습이 내 오지랖을 비웃는 것 같아 머쓱해지고 말았다. 다 나은 줄 알았던 어깨가 다시 무거워져 물리치료를 마치고 나와 시내버스를 기다리는 중이었다.
 정류소 건너편 종합병원에서 나온 듯 횡단보도 아닌 찻길을 손을 앞뒤로 흔들며 건너온 여인이 지나는 택시를 세웠다. 그 뒤로 노부부도 주위를 두리번거리며 걷는지 뛰는지 모를 걸음으로 여인이 잡은 택시를 향했다. 여인이 먼저 앞 좌석에 앉아 쾅 소리 나게 문을 닫은 뒤에야 노부부도 뒷문을 열고 느릿한 동작으로 들어가고 택시는 휙 떠났다. 분명 며느리일 거야, 아니 딸일 수도 있지. 뱉지도 삼키지도 못한 말을 머릿속에 묻었다.

"봄볕엔 며느리 내보내고 가을볕엔 딸 내보낸다."는 속담과 '며느리 밑씻개'라는 민망한 이름의 풀과 '며느리밥풀꽃'에 얽힌 슬픈 전설을 생각한다. 자외선 강한 봄볕은 며느리에게 쐬게 한다. 고부가 밭을 매다 복통으로 급히 볼일을 본 며느리가 뒤처리를 위해 부드러운 콩잎을 부탁하자 가시 돋친 풀을 뜯어주고, 뜸이 들었는지 밥알 하나 입에 넣은 며느리를 죽음에 이르게 하는, 모두가 며느리에 대한 시어머니의 몰인정을 넘어 잔혹한 이야기들이다. 시어머니 마음이란 다 그런 것일까? 착하고 예쁜 외며느리가 등창이 났으나 의원을 찾을 수 없는 가난한 살림이라 나을 만한 약초를 찾아서 온 산을 뒤지던 때 꿈속에서 나타난 신령의 안내로 캐온 풀을 찧어 바르자 완치가 되었다는 이야기에서 명명된 산자고山慈姑의 전설도 있는데. 젊은이들 사이에서 통용되는 '시월드'나 '명절증후군'이란 말은 시어머니나 시댁이 여전히 갑인 것 같지만 요즘 눈으로 보고 귀에 들리는 이야기는 꼭 그렇지만도 않다.

결혼 초 외출의 명목은 대부분이 시부모님 모시고 병원 다니는 일이었다. 심한 병일 때는 병원을 하는 서울 큰아들네로 가셨지만, 연로하신 데다 같이 살다 보니 간단한 통원 치료도 항상 동행하는 것이 일상이 되다시피 했다. 보는 이들이 딸이

냐고 물으면 두 분 모두 그렇게 기쁜 표정을 지으며 내게 의지하는 모습이 꼭 어린아이 같아 귀찮다는 생각은 할 새도 없었다. 딸이 여섯이나 되었지만 딸 같은 며느리는 당연한 의무이기도 했다.

연배가 비슷한 시어머니와 친정어머니는 같은 해 돌아가셨다. 오랜 병석에 계셨던 시어머니와 달리 친정어머니는 쓰러진 지 하루도 못 돼 운명하셨다. 결혼 전 그런 친정 어머니의 고혈압 치료를 위해 몇 번 동행할 때다. 사람들이 며느리냐고 물었다. 그럴 때마다 친정 어머니는 "아니요. 시집을 안 가 내 속을 썩이는 막내딸이요." 부끄러운 듯 말했다. 난 어머니를 쳐다보며 무언의 말대꾸를 했다. '시집 안 간 딸이 뭐가 부끄러운데요? 술과 담배를 안 하셨든가 진즉 끊었으면 이렇게 병원 올 일도 없고 그럼 부끄러워할 일도 없지 않은가요?'

옛날 친정 어머니와 같이 난 결혼하지 않은 딸이 부끄럽지는 않지만 편한 마음은 아니다. 그런 딸과 지난해 여름 해외여행을 했다. 대학 때부터 떨어져 산 데다 전혀 다른 성격의 딸과 처음 하는 여행은 생각했던 설렘이나 즐거움을 넘는 세대 차이랄까, 편안하지만은 않았다. 올해도 같이 가자고 권하는 것을 그래서 애써 바쁘다는 핑계를 대며 피했다.

온순하면서도 야무진 며느리는 체구가 작은 탓인지 나와 닮았다는 말을 듣는데 나는 속없이 그 말이 참 좋다.

많은 이가 표정이나 행동을 보며 고부 관계나 시댁을 짐작하는 것은 고정관념 때문일까? 아니면 딸이 며느리가 되고 며느리도 딸이었지만, 며느리는 결코 딸이 될 수 없고 딸이 며느리가 될 수는 없는 진리 때문인가. 돌아오는 버스 속에서 혼자 자문해 봐도 답은 없이 노부부와 함께 택시를 타고 떠난 여인은 며느리인지, 딸인지만 궁금했다.

칠순이 할매 일기

장화

"아이고, 장화 한번 신고 빗속에서 철벅거리면 묵은 체증이 내려갈 것 같은데…." "철부지 여편네…." 뒷말을 생략해버리는 남편. 비가 올 것 같으면서 오지 않는 하늘을 혹시나 해서 한 번 더 쳐다보지만 응답은 없다. 거실 한쪽에 놓인 장화가 "아직도예요?" 하면서 쳐다보는 것 같다. 분홍색 같기도 하고 연한 갈색기도 한 반장화다.

부슬비가 내리는 초여름날, 멋쟁이 친구가 신고 나온 진녹색에 자잘한 꽃무늬가 그려진 장화가 그렇게 예뻐 보일 수 없었다. 비슷한 것을 고르려고 여러 신발가게를 돌아다녔으나 헛수고로 고민하다가 인터넷쇼핑 달인에게 부탁해서 사 놓은 것이 한 달이 넘었다. 그동안 비가 전혀 오지 않은 것은 아니다. 주로 밤에 오거나 낮에 땅만 잠깐 적시는 정도로 감질나게 했다.

주차장과 맞닿아 차도를 가운데로 내가 근무하는 사무실이 있다. 맑은 날엔 그냥 평범하고 평탄한 도로가 비가 조금만 내려도 흐르는 흙탕물이 강을 이룬다. 얼마 전 앞산 입구 공사를 한 뒤 그렇게 변해버렸다. 웬만한 굽높이 운동화로는 그 물길을 건너기 어렵다. 발에 물을 적시지 않기 위해선 위로 3~40m 걸어갔다 와야만 했다. 그때도 장화를 사야겠다든가 신어야겠다는 생각은 못 했다. "아는 만큼 보이고 보는 만큼 생각한다." 는 말은 여행이나 지식 창고 채움에서만 사용하는 단어가 아님을 실감한다. 오늘 마침 비가 내렸다. 일부러 조금 짧은 바지에 장화를 신고 보무도 당당히 사무실로 향했다. 50여cm 강폭(?)을 왔다갔다하며 소원 풀이했다. 체증과 함께 두통까지 씻어졌다.

큰오빠를 만나다

얼마 만에 들른 친정인가. 형태까지 바뀐 집은 부모님 부재가 한두 해도 아니건만 서먹해서 아쉬운데 오빠와 올케의 변한 모습에 더 마음 아프다.

아흔한 살 오빠는 소파에 초점 잃은 모습으로 정물처럼 앉아있고 여든아홉 올케는 두 무릎으로 기면서 반긴다. 흐르는 세월의 변화는 당연해도 이건 너무하다. 또렷하지 않은 눈과 불편해서 뺐다는 보청기로 대충 살아가는 오빠의 나에 대한 기억은 내 세 살에 머물러 있다. "너 시 살에 처음 만났어. 어머니가 너를 데리고 섬에 있는 나를 찾아왔지. 그때 시 살 먹은 니가 내게 처음 했던 말이 '오빠가 선생님이라고 했는데 군인이네.' 참 똘망, 똘망했어." 사범학교 졸업 후 병역을 기피한 채 섬으로 들어갔던 오빠는 그곳에서 6·25를 만나 오가지를 못하고 있으니 어머니가 그 후 태어난 나를 데리고 전쟁이 끝날 즈음 섬을 찾았던가 보다. 그 무렵 무슨 옷을 갖춰 입었으랴. 구호물로 나온 군복을 걸쳐 입었던 것을 어린 눈이 허투루 보지 않았던 모양이다. 같은 말을 대여섯 번 반복한다. "그 시 살배기가 일흔이 되었어요, 오빠." 했으나 들은 척도 않는다. 당신 기억 속의 막냇동생인 나는 처음 보았던 세 살에 그대로 머물러 있다. 무슨 말을 해도 당신 기억이나 생각을 바꿀 수는 없을 것 같다. 한여름 겨울용 점퍼를 입고도 춥다고 벗지 않으며 자꾸 눈물을 흘린다. 왜 우느냐고 물으니 "가야 하는데 가고 싶지 않아서."란다. 삶에 대한 집착이라기보다 애착이겠지. 나름으로 순탄한 인생, 길어진 수명에 특별히 아픈 데도 없으니 어찌 삶에 미련을 품지 않으랴. 내 미래일 수도 있다는 생각에 착잡해진다.

별수없다

"오늘 장날도 아닌데 왜 이렇게 사람들이 많지?" 옆 사람이

들릴 만한 소리로 말했으나 누구도 답은 없이 발 들여놓기도 힘들 만큼 빼곡한 사람들로 만원인 버스를 간신히 탔다.

또 하루를 앞선 날짜 인식으로 여러 사람을 놀라게 하거나 번거롭게 했다.

그동안 치매 검사를 두 번 했다. 제 말귀를 빨리 못 알아들어 답답하다며 권하는 막내를 따라 처음 갔을 때나, 잦은 건망증에 스스로 걱정이 되어서 갔을 때나 결과는 신경 쓸 정도가 아니라고 했다. 그래도 삼십 문제 중 서너 개씩 틀리고 보니 무신경할 수는 없다. 더구나 제일 기본인 날짜나 요일이 자꾸 헷갈려 문제가 생기는 것이 빈번해서 두렵기도 하다. 젊었을 때 두부를 사다가 화장대 서랍에 넣어 엉망이 되게 하거나 가스레인지에 올려놓은 빨래나 음식을 태울 때도 있었지만, 그리 심각하게 생각하지는 않았다. 그러나 지금은 바로 내 일같이 다가온 수많은 건망증을 넘은 치매 증세와 실지 가까운 사람들의 요양 실태를 넘치도록 듣게 되는 날들이어서다.

간단한 증세로 찾는 안과나 피부과에서조차 원인도 결과도 다 나이에서 찾고 나이와 연결해 버린다. 그것을 피하려고 피나는 노력을 하는 사람, 아직은 내 일이 아니라고 무시해버리는 사람 등 각양각색인데 별수없잖아? 이제 막 칠순이가 된 난 혼자 중얼거린다.

책 권하는 의사

 꼭 그러리라 생각했다. 아니 꼭 아니리라 믿었다. 절대 아닐 것이라 고개를 젓는 한편 운명이라면 할 수 없지, 그래도 요즘 세상에 칠십도 못 돼 죽는다면 너무 억울하잖아, 암이라고 다 죽나 뭐? 수없는 생각들이 꼬리를 물었다가 놓고는 사라졌다. 이런저런 사이트에서 검색하는 암의 증상 중 절반은 절망으로 몰아넣고 절반은 희망으로 끌어올렸다.
 맡은 일을 하면서는 언제 그랬냐는 듯 멀쩡해져 펄펄 날듯 하다가도 그 외의 시간이면 걷잡을 수 없이 달라붙는 위의 통증과 심한 두통에 덧붙여 오는 어지럼증까지……. 날마다 아프고 날마다 괴로운 순간이 범벅되어 설움과 분노가 자꾸만 쌓여갔다.
 예전 동네에 마음 착한 젊은 여자가 갑자기 죽자 안됐다는 말과 함께 정리와 정돈 이야기가 도마 위에 올랐던 일이 떠올라 시간만 나면 옷장과 찬장들을 여닫으며 소일했다.

처방된 약은 먹을 때뿐 차도는 없고 신경은 예민해질 대로 예민해지고 혈압은 뚝 떨어지자 더럭 겁이 났다. 그런 한참 후에야 받은 위내시경 결과를 의사는 싱겁게 말했다. 이상은 없다. 처방해준 약은 심심하면 먹고 대신, 책의 제목과 저자와 출판사가 적힌 쪽지를 주며 사서 읽어보라고 했다.

4년 전과 똑같은 증상과 진료와 처방이 내려졌다. 통증은 여전했지만 믿는 의사의 진료와 처방이고 보니 안심이 되어 편한 마음으로 권하는 도서를 샀다. 처음 발행 후 이미 7쇄를 발행한, 인간을 구원하는 것은 결국 '사랑과 자비의 힘'임을 믿는 종교학과 교수의 종교에 관한 서적이었다.

한숨부터 나왔다. 종교 생활을 햇수로 치면 50여 년 되는 셈이지만 그저 주일을 지키는 정도일 뿐이다. 혼자서나 남 앞에서 소리 내서 기도해본 일이 없다. 성경에 대해서도 무지를 만회해 보려고 올 초부터 성경 필사를 일과 중 하나로 삼고 있지만 베끼는 것에 만족하는 수준인 내가 종교 서적이라니. 몇 쪽 읽다가는 팽개쳤다. 그 후 두어 달이 지났다. 통증은 사라지고 처방약은 그대로 서랍에서 쉬고 있다.

그런데 며칠 전부터 오른쪽 두피 한 부분이 살짝 손만 대도 통증을 느낄 정도다. 어디에서 부딪치거나 무엇에 맞은 일도 없는데 더위에 머리를 자주 감은 탓일까?

인터넷을 검색해 보니 스트레스로 인한 혈액 순환 이상이라는 글이 많이 나와 있다. 스트레스? 반가운 친구 이름이라도 되는 양 여러 생각이 줄줄이 이어져 나왔다. 생각지 않은 좋은 일들에 놀라고 감사할 새도 없이 연이어 신경 쓰이는 일이 겹칠 때가 있다. 이달 내내 그런 상황인 것 같다. 생각하면 굳이 내가 나서서 덤터기를 쓸 필요도 없고 해결할 일도 아닌데 오지랖이 넓은 탓으로 돌릴까.

내가 속한 단체의 실상을 왜곡해서 비난을 부추기는 기사를 올린 어느 무지한 기자를 향한 노여움, 고정으로 출연하는 모 방송 라디오프로그램 작가와의 대화에 끼어들어 열을 내는 어처구니없는 피디에 대한 기막힘, 모 출판사 편집장의 잡지 모델 섭외를 듣고 내 초등학교 모교를 떠올려 전화를 걸었는데 어떤 이득을 위한 포섭으로 생각하는 것 같은 교장에 대한 허탈감.

생각하면 별것도 아닌 일들이 순간이 영원인 양 분노와 허탈과 맥 빠짐을 사서 하는 나. 세상은 내가 돌리는 것이 아니라 저절로 돌아가는 것을 왜 머리로만 인식하는 것일까 중얼대다 팽개쳐 둔 ≪보살 예수≫를 집어들었다. 차례를 훑다가 '자기로부터의 해방' 편을 펼쳤다. 자신의 의를 주장하거나 자신을 정당화하거나 돋보이게 하려는 치장도 절대자 앞에서는 필요가 없다는 부분이 눈에 띄었다. 몸과 감정과 생각 등 수시로 변하는 무상한 것들을 자신의 소유이거나 자아로 간주하지 말라고 해석한 부처와 예수의 말도 어렵지만 눈여겨 읽었다. 그래도 완독은 요원한 꿈이지 싶다. 그러나 두피의 통증은 조금 멎는 것 같기도 하다.

　크거나 소문이 난 병원의 친절한 의사도 아니다. 인상 또한 썩 좋거나 유머가 있지도 않은 책 권하는 의사의 처방에 내 병은 매번 갈 길을 멈추곤 한다.

버리는 기쁨, 자르는 재미

 별 필요나 쓸모도 없는 돌이 예쁘다는 생각만으로 맘껏 주워 담았다. 지인들과 찾은 바닷가에서였다. 그러는 내 옆에서 한 개 주우면 한 개는 버리며 '버리는 것이 아니고 놓아주는 것'이라는 지인의 말에 고개를 갸웃한 적이 있다. 내 욕심껏 담아온 돌은 처음에는 예쁜 소쿠리나 접시에 놓고 보며 흐뭇해했지만 얼마 지나지 않아 놓아주는 기쁨을 일찌감치 터득한 지인을 생각하면서도 기회는 얻지 못한 채 쌓고 채우기를 계속해왔다.
 예전에 살던 한옥은 불편했으나 벽장도 있고 다락도 있고 안 쓰는 뒷방도 있어서 책이나 살림이 늘어나는 것은 재미일 뿐, 신경쓸 일이 없었다. 그런 집에서 넓지 않은 아파트 베란다가 그 역할을 하기는 역부족인 이사는 오래 살았던 집을 떠난 아쉬움 이상의 또 다른 불편함이 함께한다. 번듯한 물건 하나 없이 대부분 올망졸망한 잡동사니들이고 보니 더욱 그렇다. 그중 하루가 다르게 쌓이는 책은 서재의 삼면에 놓인 책장과 책꽂이를 빼곡히 채우고도 남아 맨바닥에 그만큼의 높이로 몇 줄씩 쌓아놓을 수밖에 없었다. 제발 정리 좀 하라는 남편의 무언의 압력을 모르는 체하거나 필요한 책 꺼내기가 여간 불편한 게 아니었다. 그동안 두어 번 정리하면서 버리는 게 수라는 것을 알면서도 그냥 버릴 수는 없고 놓아줄 적당한 곳 찾기도 쉽지 않아서였다. 그러다 우연히 고향 면사무소로 책을 보낼 곳이 정해져, 좁은 공간에서 급히 정리해서 보내다가 부딪친 몸 여기저기에 시퍼런 멍이 자리한다. 오직 책 정리를 위해 보냈는데 아름다운 기부라는 명분으로 돌아와 부끄러우면서 뿌듯함이 들었던 것 또한 속마음이다. 버리는 것이 아니고 놓아준다는 말과 함께 기분 좋은 의미도 어렴풋이 느껴져 기쁘다.

그뿐인가. 남편의 무언의 압력에서 벗어나 좋고, 막혔던 한쪽 미닫이창을 여닫으니 환하고 시원에서 좋고, 헐렁해진 책꽂이가 마음을 여유롭게 해서 더욱 좋다.

암수 두 봉우리가 가위를 벌렸을 때 모습을 연상한다는 맞물림의 마이산 아래 가위박물관을 만든다는 얘기가 돌았을 때는 황당하고 어이가 없었다. 갖가지 전설과 신화를 간직한 신령스러운 산을 어떻게 하찮은 가위와 비교할 수 있는가. 이곳을 중심으로 역사와 문화 관광을 설명하고 안내하는 사람이고 보니 더욱 그랬다. 그런 마음과 상관없이 가위박물관은 암수 두 봉우리 사이를 오르는 초입에 아담하게 자리했다. 비어 있던 음식점이었다고는 생각할 수 없이 흔하다면 흔한 여느 박물관의 무거움과는 다른, 친근하면서도 가볍지 않은 품격이 느껴진다고 할까. 가위에도 역사가 있고, 그에 대한 중요한 문화와 생활이 함께 숨쉬는 예술품이란 생각이 전시품을 보며 신선한 충격으로 다가왔다.

가위는 잘라줘야 세상을 볼 수 있고 자르고 떼어내야 회생할 수 있는 생명의 긴박함에 소용되는 도구다. 명품 의상과 가방, 구두도 가위의 마름질로 시작하고, 일반인 머리를 다듬거나 청정한 수행 의지로 표현되는 스님들 삭발에 쓰이는 것도 바리깡이란 가위가 아닌가. 나무도 잘라줘야만 제대로 된 모습과 실과를 거둘 수 있다는 평범한 사실까지 특별하게 느껴져 높이 솟은 마이산 두 봉우리가 오늘은 진정 커다랗게 펼쳐진 가위 모양새같아 고개를 끄덕이게 된다.

자르는 소중함과 자른 후의 변화와 가치와 함께 어린 시절 삐뚤빼뚤 서툰 가위질로 종이나 헝겊 쪼가리를 오릴 때 느끼던 재미가 떠올라 풀쑥 웃음도 난다. 내 과분한 욕심, 지나친 고집과 아둔함은 싹둑싹둑 잘라내고 넓은 아량과 여유는 어디선가 살짝 오려다 붙이면 지금보다 조금 나은 내가 되지 않을까? 유치한 생각과 함께.

강 건너 불

"미안해요. 건강히 계시다가…." 비상근무 탓이라고는 해도 경직된 주무관 표정이 마치 해고라도 시키고 당하는 것 같은 분위기였다. 너무 서먹해서 깰 방법이 없을까 생각하는 사이 "코로나19 여파로 상황 개선 시까지 임시 휴무" 붉은 글씨로 눈에 띄는 안내문을 출입문 잘 보이는 곳에 쓱 붙이고는 뚜벅뚜벅 멀어져 갔다. 닭 쫓던 개 지붕 쳐다보듯 우두커니 한동안 서 있었다.

그리고 두 달째다. 동향同鄕인데다 어쩌다 한 번씩 가는 식당 주인이 확진자가 되어 그의 며칠 동안 동선動線 관계가 문자로 날아왔을 때는 오싹하는 기분까지 들었다. 누군가 옆에서 흘금거리거나 정면에서 노려보다가 금방이라도 내 목을 확 낚아챌 것 같은 두려움에 몸서리를 치기도 했다. 박수무당이

나 처용處容의 행색 같은 형체가 방문을 활짝 열어젖히는 한심하고 유치한 꿈을 꿀 정도였다.

    그리 심하거나 호흡기와 연관된 것은 아니지만 나도 기저질환자다. 4주마다 있는 정기진료 때마다 담당 의사 하는 말이 목에 가시처럼 걸리적거린다. "처방약 잘 드시고 감기 걸리시면 안 돼요. 환자라는 걸 잊고 무리하셔도 안 되고요." 그때마다 입으로는 "네." 하면서도 속으로는 중얼댔다. '주의 주는 것은 알겠는데 그런 말씀은 하지 않는 것이 더 도움이 될 것 같거든요.' 되돌아 나오며 습관처럼 바라본 하늘이 매번 흐리지는 않았으련만, 항상 흐렸던 기억은 기분 탓이었으리라. 그래도 그것이 낫다. 난치병이라고는 해도 전염성 없으니 처방대로만 생활하면 되니까. 실지로도 하루 10km 이상을 걸을 때도 있고 서너 시간을 이야기하는 것도 허다했지만, 피곤함을 심하게 느끼지는 않았다. 약의 힘이라는 생각을 저 아래 깔면 되었는데 요즘은 나만 생각할 때가 아니라는 이 무겁고 답답한 마음을 어찌할꼬.

    불편한 차림으로 조심스러운 현장을 누비는 의료진들, 넉넉한 성금을 보내는 사람들, 따뜻한 격려의 응원을 보내는 사람들, 그 어느 축에도 끼이지 못한 내가 조금 부끄럽다. 어떤 드라마 대사 중 "인공 때 난리는 난리도 아녀." 하는 유행어가 생각난다. 겪어보지 않은 상황이지만, 들은 이야기로도 충분한 그 아수라장 상황 속에 죽기 아니면 살기라는 절체절명의 시간에서 할 수 있는 것은 무엇이었을까.

　휴무 시작 전 사무실에서 가져온 의료용 마스크 몇 장을 잠깐의 외출 시 사용 후엔 얌전히 걸어놓았다가 다시 쓰고, 2주 후 공적 마스크 두 장을 샀을 때는 30년도 넘는 그날이 떠올랐다. 전주 시내 중심 초등학교는 대부분 2부 수업할 정도였지만, 유치원은 서너 군데나 되었을까, 하던 시절이었다. 4대 1 경쟁에서 신청자 부모가 심지 뽑기로 뚫어야 했다. 거기에 선정되어 폴짝폴짝 뛰는 나를 물끄러미 바라보던 둘째가 생각나 혼자 멋쩍게 웃었던 기억이다.

　그 뒤로도 정해진 요일에 두 번을 구매했으나 정작 쓸 일이 별로 없다. 아침 식사 후 거의 날마다 남편과 함께 가까운 산에 오르지만 만나는 사람도 극히 드문 산길에서 굳이 쓸 필요를 못 느껴 예비로 준비할 뿐이다. 그러면서도 다음 구매할 날을 생각하는 이 모순의 원인은 무엇일까. 섬과 섬 사이 연륙교가 놓인 시대에 강 건너 불을 읊조리는 어리석음인가. 열심히 손을 씻는 일밖에 할 일이 없어 부끄러운 날이다.

2부

그 이름 따라서
깐뒤
앉을 자리 설자리
액막이 밥그릇
미녀
격세지감
새엄마
언제던가
봉선화

그 이름 따라서

 찻상을 가운데 놓고 두 사람이 얼굴을 마주하면 딱 맞는 공간이다. 이런 방이지만 오는 손님을 마다하지 않는다. 며칠 전에도 후배를 시내에서 만나 주저 없이 내 집으로 향했다. 햇볕은 골목까지 길게 내려 있었지만, 마당 앞 작은 화단에는 떨어진 나뭇잎들이 쌓인 채, 담밑엔 희끗희끗 잔설이 보이고, 거실에 놓인 몇 개의 화분들마저 긴 겨울에 지쳐있어 생기라고는 없는 때였다. 어쩌자고 앞뒤 생각 않고 동행을 했단 말인가. 가끔 대책 없이 저지르는 내 행동에 잠깐의 후회를 했지만, 언제 그랬냐 싶게 한참 동안 수다를 떨다 헤어졌다.
 그런 얼마 뒤 '햇살카페'에서 마신 차가 그만이었다는 그녀가 보낸 글을 읽으며 난 마냥 행복했다. 누추하고 옹색한 공간에서 흔해 빠진 커피 한 잔 마시고는 그토록 근사한 이름을 붙여주다니! 예쁜 이름 하나로도 금방 행복할 수 있는 내가 왜 그토록 깊은 허망에 빠져 허우적대고 있는가. 강한 듯한 집착은 오래가지 못하고, 주위 환경에 잘 변하는 내 성격이기에 행복지수 높이는 일이 그리 어려운 것도 아니건만, 이렇게 오랫동안 암울해 있을 필요가 있을까. 까짓것, 이름에 한해서는 나도 할 얘기가 많지 않은가.

"여러분, 지금 어느 산에 오셨지요?"

"마이산이요."

"그렇습니다. 바로 나(my), 여러분 모두의 산에 잘 오셨습니다."

한참 후에야 고개를 끄덕이며 기분 좋은 웃음들을 날린다. 잠깐이지만 문서에는 없지만 내 산을 둘러본다는 것은 신나는 일 아닌가. 됐다. 시작이 좋으면 마무리도 대부분 수월하다. 올해 들어 가장 많은 인파가 몰린 마이산의 오늘. 정식 해설 의뢰만도 3건이었다. 저녁이면 녹초가 될지라도 나를 찾는 사람들이 많다는 것은 그만큼 행복한 일이다. 집중된 시선을 향해 내 소개를 곁들였다.

"이곳 마이(mai, 馬耳)산에서 얼굴이 가장 아름다운 사람, 여러분을 안내할 얼굴 용 아름다울 미 이용미 입니다." 그 후의 박수가 우레와 같다는 느낌은 착각이라 해도 상관없이 그 이름 따라 잠깐의 위안이라도 얻을 수 있었으니 내 얼굴 얼마쯤 두꺼워지는 것은 상관없다.

빨치산을 피해 피난을 갔던 셋째 언니가 엄마의 해산 소식을 듣고 마주한 핏덩이는 노老 산모의 영양실조 탓인지 눈 뜨고 볼 수가 없을 정도였는데 아무리 씻기고 다듬어줘도 예쁜 구석 하나 없더란다. 그래서 이름이라도 예쁘게 지어주자는 생각으로 돌림자인 얼굴 용에 아름다울 미를 붙였다고 했다. 얼굴과는 도무지 어울리지 않는 이름은 신학기가 되면 으레, 얼마나 아름다운 얼굴인지 한번 보자는 선생님의 농담 아닌 농담으로 시간 내내 고개를 들지 못하게 난감할 때가 한두 번은 꼭 있었다. 그럴 때면 상祥자 래來자를 쓰시던 아버지 함자를 두고 너희 아버지도 밥 다 먹으면 '이상 내 가라.' 하느냐고 놀려 대던, 짓궂은 남자애들로 속이 상하던 때와 겹치며 흔하면서 편하게 불리는 이름을 가진 친구들이 얼마나 부럽던지.

그런데 뜻밖에도 나이 들어서 남 앞에 서는 일이 잦아진 요즘, 아전인수我田引水로 내 이름을 아주 자랑스럽게 소개한다. 이름 따로, 얼굴 따로는 재밌어하며 웃을 수 있고, 기억하기도 쉬우리라는 것을 염두에 두고서다. 적당한 웃음과 곁들여 반복하다 보니 정녕 스스로 아름다워지는 것 같아 여유와 자신감까지 생긴다. 사소한 것 같으면서도 소중한 이름 붙이기는 내 이름 얘기로 끝내지 않고, 쓸모없는 것들에도 시험해 보기로 했다.

팍팍하고 우울하던 날, 그날은 마침 쉬는 날이었다. 오고 가는 길에 눈여겨보아 두었던 시내버스 열 정거장쯤에 있는 온실

식물원을 찾아 시내 화원에서 사는 반값으로 양손에 버거운 만큼의 갖가지 꽃모를 샀다. 주발만 한 화분에 심어 거실 양옆으로 나란히 늘어놓으니 대여섯 걸음의 꽃길이 되었다. 대충 키워도 잘 자라는 베고니아와 페추니아, 바이올렛과 팬지 등 작은 꽃들이 배시시, 또는 까르르 웃고 있다. 맥없던 거실에 활기가 넘쳤다.

"떡 본 김에 제사 지낸다고." 기왕 붙여보는 이름 한 군데 더 붙여본들 탈나는 일은 없으리라. 좁고 컴컴한데다 화장실과 붙어 있어서 허드레 살림을 아무렇게나 놓아둔 채 쓰지 않는 뒷방을 '별 헤는 방'으로 명명했다. 이름에 맞춰 천장에 아이들 방에나 붙이는 반짝이 별을 붙이고 물건들도 가지런히 정리했다. 깜깜한 밤, 불 밝히지 않고 누워서 천정의 별을 보며 아름답고 가슴 아렸던 추억으로 들어가 보는 것도, 결코 올 수 없을 찬란하고 가슴 벅찬 미래를 꿈꾸어 보는 것도 허용될 만한 방으로 변했다. 유치하면 어떤가. 순수한 감정이란 어린 애다운 것 아닌가. 낮에는 '햇살카페'에서 차를 마시고 꽃길을 걸어 보고 밤이면 '별 헤는 방'에서 추억과 미래를 건지고 띄우다 보면, 재미없고 막막한 날도 그 이름 따라 멋진 날로 둔갑하지 않을까?

깐뒤

보름 만에 똑같은 장소를 도는 여행이었다. 지난번 미처 못 보고 못 느꼈던 것들 이번엔 꼭 보고 느끼고 오려 했는데 더 설레설레 지나치는 중에 선암사의 '깐뒤'만 정면 사진까지 찍어올 만큼 기억에 남았다. 사찰의 단순한 대변소가 맞배지붕으로 된 출입구 위의 '깐뒤'라는 현판으로 인해 참 재미난 장소라는 느낌을 주었다. 현판 글씨는 오른쪽에서부터 쓰고 읽는 것이 보통이라는 사실이 쉽게 떠오르지 않고 거기에 옛 글자까지 붙이니 뒷간 아닌 깐뒤가 되는 것이다. 대웅전을 보수하며 벽화 한 폭까지 떼었다가 그대로 붙일 만큼 원형을 보존하려 애쓰는 사찰에 딱 어울리는 이름이었다.

예나 지금이나 똑같은 일을 보는 장소건만 뒷간만큼 많은 이름과 변천을 가져오는 것도 드물 것 같다. 뒷간 · 측간 · 정랑 ·

변소·해우소·화장실·임금님이 사용했다는 매화틀까지. 기능에 따라 적절히 붙여진 이름은 정겹고 요즘의 화장실이란 말은 화사하기까지 하다.

어린 시절 내가 접하던 뒷간은 대부분 아래채 한쪽 음침한 곳에 작게 자리했는데 문 옆엔 누렇게 바랜 부고訃告가 새끼줄 사이사이 빼곡히 꽂혀 있었다. 그것이 참 무섭고 싫었다. 더구나 우리 집 화장실은 항아리 대신 큰 콘크리트 통을 묻어 대여섯 명은 함께 일을 볼 수 있을 만큼 긴 바닥이라 공포의 공간이었다. 그런 뒷간이 학교에 입학하면서 변소라는 말로 바뀌었다. 하얀 회 벽에 혼자 일보기 알맞은 공간은 낙서하기에도 그만이었다. 미운 친구 이름, 좋아하는 남학생 이름, 어제 배운 산수 셈하기 연습 등 끊임없이 끼적이던 낙서를 뒤로하고, 토끼 발맞추는 동네 시골뜨기가 전주 유학생이 되었다.

내가 입학한 학교의 시설은 그 시절엔 놀랄 만했다. 특히 교실 옆으로 몇 발자국이면 갈 수 있는 변소는 신발도 신지 않고 드나들게 되어 있었다. 하얀 변기가 어찌나 깨끗한지 첫날 귀가해서는 그 얘기만 했다. 아마 그때부터 화장실이란 말을 쓰지 않았나 싶다. 그런 어느 날 친척 결혼식장을 엄마랑 같이 갔다가 뒷간에 가고 싶다는 엄마를 화장실로 모시자 깜짝 놀라셨다.

"야가 시방, 내가 뭔 화장 한다더냐? 왜 화장실로 델꼬와. 뒤보고 싶당게."

킥킥대는 것 같은 주위 사람들이 창피해 그냥 나와 버렸다. 뒤따라 나오는 엄마는 연신,
"왜 소가지가 난겨? 뭣 땜시 그려?"
"그게 뒷간여! 뒷간이란 말여."
"참 별일도 다 있네. 뒤보는 데를 왜 화장하는 디 맹키로 써놔그래."

세월은 많이 흘렀다. 가정집은 물론이고, 관공서나 작은 식당까지 수세식 좌변기에 청결은 기본이다. 십여 년 전에 잠깐 다녀온 일본 외곽에 있는 작은 공원 화장실의 정갈함에 놀라고 많이 부러워했는데, 지금은 우리나라 어느 공원 휴게소도 부러울 게 없다. 새로 짓거나 보수하는 건물은 뛰어난 인테리어까지 곁들여 화장실 기능을 넘어 오래 머물며 근심까지 풀 수 있는 '해우소解憂所'란 공통어를 붙여도 이상할 게 없다.

그러나 선암사의 '깐뒤'는 항상 그 자리에 그 이름으로 오래도록 그렇게 있어 줬으면 좋겠다.

앉을 자리 설자리

　가파르기는 했다. 그래도 젊은 종업원의 "계단 조심하세요. 감기도 조심하시고요."라는 말이 배려로 들리지는 않았다. 내 가까운 사람의 처지가 이런 것이었겠지 하는 생각에 '넌 1년에 다섯 살씩 먹거라.' 하고 싶을 만큼 괘씸했다.
　꼭 1년 만에 여고 시절부터 제일 친했던 친구들을 만났다. 멀리서 온 그네들은 항상 그렇듯 백반을 찾으면서도 식사 후에는 조용한 찻집에 앉기를 원한다. 오늘도 예외는 아니었다. 밥 한 공기에 열댓 가지 반찬이 나오는 집에서 커피까지 대접받기는 미안하다고 했다. 조용히 편한 자리를 원하는 핑계라는 것을 알기에 작년이던가, 펑펑 눈 내리던 날 무작정 걷다가 들른 분위기 좋았던 장소가 떠올라 앞장을 섰다. 그러나 길눈 어두운 내가 그곳을 다시 찾기란 쉽지 않았다. 그 부분쯤에서 고개만 갸웃대다 예쁘게 커튼이 쳐진 건너편 찻집에 눈길이 갔다. 무작정 들어서자 스무 살 남짓한 종업원이 구석진 자리로 안내 후 메뉴판을 들고 와서는 무언가 자꾸 중얼대며 짓던 난처한 표정을, 처음엔 하나같이 눈치채지 못했다. 오히려 밖에서 예뻐 보이던 자리가 차 있음을 아쉬워하며 의자가 딱딱한 것을 드집 잡아 입구에서 볼 때 제일 눈에 띄는 자리로 옮기기까지 했다. 결국은 쫓기듯 막대사탕 하나씩 들려주는 것을 들고 10분도 못 돼서 내려올 곳을…….

흔히 자신은 자신이 제일 잘 안다고 생각하지만 그건 자만이 아닐까. 나이보다 젊게 산다고 생각하는 우리는 아줌마의 상징이라는 뽀글뽀글한 짧은 파마를 절대 하지 않았다. 입술을 새빨갛게 칠하지도 않았으며 춥다고 솜바지 아무렇게나 입지도 않았다. 그래도 스무 살 남짓의 종업원 눈에 2, 30대가 주고객이라는 곳을 그 배수가 되는 우리가 찾아가서 눈치 없이 구는 것이 얼마나 기막혔을까. 기분 상하지 않게 돌려보내려는 그네의 노력은 얼마나 힘들었을까. 시킨 차 절반도 못 마신 채 나오는 우리에게 들려주던 막대사탕을 강하게 뿌리치는 나하고 달리 한 친구가 "우리 손자 갖다 주면 아주 좋아하겠네." 하면서 받자 피어나던 종업원의 미소가 그걸 말해주지 않던가. 쫓은 자, 쫓긴 자 승자도 패자도 없었지만 참 씁쓸했다.

모르고 저지르는 일도 많지만, 몰라서 못 하는 일도 많다. 자신을 모르고 상대를 모르고, 앉을 자리에 앉지 않고 서성이다 그 자리 뺏기기도 하고, 설자리에 똑바로 서지 못하고 엉거주춤 있다가 넘어지는 예는 얼마나 많은가. 물러나야 할 자리에서 뭉그적대다 망신을 사는 경우는 좀 많이 보았던가. 흔히들 감투라고 하는 모자에 연연해서 남에게 비웃음을 사면서도 끝끝내 놓지 못하는 그 모자 한 귀퉁이에 대한 애착과 욕심도 같은 것 아닐까. 사소한 일상에서 겪은 짧은 순간의 해프닝이었지만, 나를 안다는 것이 쉽지만은 않다는 것을 깨달았대서 거창한 것은 아니리라.

한번은 나이 연대가 각기 다른 몇 명이 같은 차를 타고 여행할 기회가 있었다. 내 생각의 나이가 중간일 뿐 사실은 높은 편에 속했다. 그렇지만 꼭 의식할 필요는 없어 분위기에 맞게 대응한다고 했지만, 대화에서 자꾸 이탈된다는 생각을 순간, 순간 하게 되었다. 그것이 꼭 나이 탓만은 아니라 해도 내가 끼어야 할 자리인가를 되짚어 보며 너나없이 얘기를 즐기는 친정 형제들 속 아버지를 떠올렸다. 아무것도 아닌 듯한 얘기에도 깔깔깔 웃어대는 우리를 흐뭇하게 쳐다보시던 아버지는 어느새 자리를 뜨곤 하셨다. 더없이 같이하고픈 자리련만 우리만의 농담과 흉허물도 거침없이 털어놓을 수 있게 하기 위한 배려였다는 것을 커서야 알았다.

나이 듦이란 무엇인가. 앉아야 할 자리에 앉고, 서야 할 자리에서 설 줄 아는 것 아닐까. 앉고 서는 쉬운 동작에 불과하지만 실행하기에는 필요 없는 욕심과 아집이, 때로는 무의식과 눈 어둠이 앞을 가려 시간과 때를 놓쳐 낭패를 보기도 한다. 흠 없이 아름다운 미래를 위해서는 앉아야 할 자리에 당당하게 앉았다가 설자리에서 미련 없이 설 수 있도록 차근차근 연습하는 것이라는 결론이 너무 단순한 것일까.

액막이 밥그릇

 텅 빈 지갑은 아무리 뒤집어 봐도 그대로였다. 무엇을 어떻게 해야지? 머릿속도 빈 지갑과 다를 게 없어 멍하니 서 있는데 누군가 내 어깨를 건드렸다. 어? 꿈이었다. 악몽이었다면 휴~우 안도의 숨을 쉬었으련만 악몽은 아니었다. 구매할 때나 지금이나 마음에 딱 드는 빨간 누비 손지갑. 크진 않아도 칸칸이 나뉘어 꼼꼼히 박음질 된 그 속에 주민등록증과 신용카드는 물론 크고 작은 현금과 동전까지 넣는다. 그 선명한 빨간색 지갑은 핸드백 속에서 이상이 없는데 머릿속은 이상하게 심란했다. 한두 번 꾸는 꿈도 아닌데 유난히 찝찝하다. 내 잦은 꿈자리는 어른이 되어서도 달라진 게 없다. 지금도 가끔 가위눌리는 꿈에 옆 사람을 놀라게 하기 일쑤다. 그런 꿈이 어느 땐 현실이 되어 스스로 깜짝 놀랄 때도 있는데 바로 시아버지가 운명하시기 전날 밤, 지병으로 쓰러져 서울에 있는 병원 중환자실에 계실 때다. 아버님이 거처하시던 큰방 아랫목, 깔린 요 위에 누우신 채 들려서 열린 문으로 나가시는 게 아닌가. 요를 드는 사람도 방문을 여는 사람도 보이지 않았다. 깜짝 놀라 눈을 뜨고 얼마 지나지 않아 운명하셨다는 연락을 받았다.

지난밤 꿈이 결코 좋은 꿈일 수 없다는 생각을 떨칠 수가 없어 꿈풀이를 검색했다. 큰 손해를 입을 꿈이라고 나와 있다. 무시하자니 개운하지 않고 생각하자니 심란하고, 어디 다른 사이트를 한번 열어볼까? 이성과의 사랑 결핍으로 인한 외로움의 호소라, 차라리 이게 낫다. 육십이 턱에 찬 할머니가 쿡, 웃을 만하니까. 아무래도 당신 사랑이 부족한가 보다고 남편에게 떼를 쓸 수도 있으니까.

나는 진실하거나 성실을 내세우기는 뭣해도 주일예배는 거의 빠지지 않는 교회 신도다. 어려울 때 주여! 애타게 찾기도 하고 난감할 땐 하느님 맙소사! 부르짖기도 한다. 그 한편으론 삼재三災에 들었다거나 아홉수 액막이를 해야 한다느니 하는 말을 귀에 담기도 한다. 올해 내 나이 끝수가 아홉인데다 삼재에 들었다는 말을 의식한 탓으로 생각하기로 했다.

작년 섣달그믐날이었다. 차례 음식을 장만한 뒤 빠진 것이 없나 살피다가 문득 사야 할 내 밥그릇을 빠트렸다는 생각이 났다. 친정의 설 장보기 속엔 그해 아홉수가 든 가족의 밥그릇이 반드시 들어 있었다. 아홉수엔 힘든 일이 있고 잘 넘기려면 설날 아침 새 그릇에 밥을 담아 먹어야 한다는 불문율이랄까. 어디서 유래된 것인지 알 수 없지만, 그 많은 식구 가운데 누구도 아홉수를 그냥 넘기는 법 없어 나도 세 개의 밥그릇을 받은 뒤 시집을 왔다. 시댁에선 그런 일도 있느냐는 반응이면서도 말리지는 않아 빠트리지 않고 그릇 수를 늘려 왔다.

 남편이 마트에서 2시간을 헤맨 뒤에야 사 온 내 액막이 밥그릇을 난 신주 모시듯 한다. 나를 지켜주는 수호신으로 생각한다면 지나칠까? 어젯밤 꿈도, 꿈풀이도 별것 아니다. 액막이 밥그릇에 밥 담고 국그릇에 국 담아 푹푹 뜨고 후루룩 먹다 보면 큰 손해가 곁눈질하겠는가. 결핍된 사랑이 까치발을 하겠는가. 고슬고슬 잘된 밥과 모락모락 김이 나는 국을 밥그릇, 국그릇에 꾹꾹 눌러 담았다.

미녀

 칭칭~. 거미줄에 걸렸다. 얼굴과 팔에 사정없이 달라붙는 거미줄을 양팔로 거듬거듬 거두어 던져도 떨어지지 않아 옆에 있는 나뭇잎으로 간신히 뜯어냈다.
 그 자리에 탈이 났다. 벌겋게 부어오르고 피부까지 약간 벗겨졌다. 하루 이틀 흐르는 동안 더 심해졌지만, 처음엔 거미줄에 걸렸던 것은 생각지도 못했다. 명당 찾아 이곳저곳 흩어져 있는 곳곳을 성묘하는 동안 이름 모를 독초 액이 묻은 것으로만 알았다. 내 말에 전문의도 별다른 이견 없이 그런저런 처방을 내렸는지 효과가 없어, 사람 만나 이야기하는 내 일상에 치명적인 시간들이 흘러갔다.
 한참 뒤 걷잡을 수 없는 피부 반점이 사선으로 턱과 목, 양팔로 번져서야 곰곰 원인을 생각하니 그랬다. 거미줄, 거미줄이었다. 목과 턱에도 꼭 거미줄 같은 가로세로 줄무늬가 호화찬란했다.

"거미줄 치듯 한다." "산 입에 거미줄 치랴." 걱정과 심란함과 낙관적 여유가 공존하는 말들이다. '거미줄에 아침이슬이 걸리다, 낙엽이 걸리다, 가을 하늘이 걸리다.'는 한 폭의 그림이 된다. 멀쩡한 사람이 거미줄에 걸려 흉한 모습이 되어 있는 건 무엇이라 할까. 참 엉뚱하게 코를 꿰었다고나 할까?

지독한 악몽에 시달리는 때가 있다. 쫓기고 쫓기며 지치고 지쳐서야 깨어나는 꿈, 그런 때면 이상하게도 그릇이 잘 깨진다. 내열성 약한 유리그릇을 생각 없이 레인지에 돌린다든가 잠깐 놓아둔 접시를 떨어뜨린다든가. 요즘이 그렇다. 며칠을 두고 밤이면 악몽으로 가위눌려 지르는 내 소리에 놀라 스스로 깨곤 한다. 열병에 가까운 이 마음에 난 몸살, 그 이유가 나도 몰래 칭칭 감겼던 거미줄 때문은 아닐까 싶다.

한 나라의 수도 수장의 빈자리를 채우기 위한 선거 열풍이 서서히 일었다. 양대 진영의 막강한 후보 중 똑똑하고 예쁜 여자 둘이 경합을 벌이는 듯 보이기도 했다. 일국의 수장 후보 자리에도 가깝게 다가가는 게 여자다. 가까이 다가가다 멈춘 또 한 사람 역시 여자다.

정치라는 거미줄을 향해 달려가는 미녀들, 촘촘하고 섬세하게 짜인 그물 같은 거미줄 속에서 이상향을 찾을 수도 있으리라는 생각을 하는 걸까. 옴짝달싹못하는 끈끈이에 걸릴 수도 있으리라는 것은 꿈에서라도 접은 채 기대와 자기 만족의 이상 실현을 위한 꿈만 꾸는 건 아닐까? 필요 없이 예민해진 신경은 한 다리도 아닌 멀고 먼 천 리 밖 사람 걱정까지 정도를 넘는다.

거미가 거미줄에 걸리지 않는 것은 발에서 생성되는 기름 성질 때문이기도 하지만 가운데 중심부터 부챗살 모양의 끈적임 없는 세로줄을 밟기 때문이라고, 끈적임은 동그랗게 돌아가는 가로줄에만 있다고 한다. 이렇듯 미물의 삶도 뚜렷한 방법과 질서가 있고 규칙이 있는데 고도의 기술까지 필요한 정치를 하려는 사람들이 무작정 위험한 자리에 뛰어들지는 않을 텐데 왜 내 기우는 사그라질 줄을 모르는가.

멀지 않은 때 예쁜 여자 연예인 중 목숨 버리기가 유행같이 번지던 적이 있었지. 호화롭고 번듯해 보이는 삶이지만 실은 인기라는 거미줄에 걸려 돌고 돌다 엉키고 걸려 쓰러진 가엾은 삶이었지 싶다.

햇볕이 비추지 않으면 보이지 않는 가늘디가는 거미줄, 그러나 그 굵기의 강철보다 강한 흡인력에 빨려들어 부푼 꿈을 움켜쥔 채 펴 볼 기회조차 잃고 사라져 버린 안타까운 삶. 미녀는 거미줄을 좋아하고 거미줄은 미녀가 걸리기 좋은 상태로 만들어지는 건 아닐까?

통원 치료 20여 일 만에 마지막 처방전을 받았다. 더 심하지 않으면 치료를 그쳐도 된다고 했지만, 화상자국 같은 크고 작은 흉터는 아직 그대로다. 셀 수 없는 막으로 덮인 피부의 딱지를 억지로 손대면 치명적인 피부 손상을 가져온다는 말이 고스란히 얹혀 있다. 예쁜 얼굴(容美) 거미줄에 걸리다. 나도 미녀일까? 호호.

격세지감

 사정없이 내리쬐던 해가 어느덧 뉘엿대는 해거름. 곰티 날망을 헉헉대며 달리던 버스가 멈추고 말았다. 오가는 차나 사람이 있을 리 없는 산속 좁은 도로가 버스에서 내린 사람들로 수런수런 북적였다. 연장을 든 버스 기사가 버스 아래로 반듯이 몸을 뉘어 비비적대며 들어가면 수런거림을 멈춘 사람들이 쪼그려 앉아 고개를 갸웃해서 기사의 하는 양을 보았다. 그렇게 얼마의 시간이 지나 몸을 털고 나온 기사가 운전석에 앉고 부릉부릉 소리가 들리면 우르르 다시 버스에 오르기도 하지만 다시 모두가 내려 끙끙대며 버스를 미는 때도 드물지 않았다. 그렇게 두세 시간 걸리던 길이었다.
 요즘은 그 길을 저 멀리 바라보며 고속도로를 달린다. 정확하게 구획해서 큰 높낮이 없는 도로는 차 안에서 책을 보거나 음료를 마셔도 흔들림이 없다. 며칠 전에는 텅 빈 뒷자리에서 마무리 단계에 있던 뜨개 모자까지 여유롭게 마칠 정도였다. 그래봤자 30분이면 족한 길이지만 아홉 개의 터널을 지나게 된다. 읽던 책장을 아홉 번 여닫아야 한다. 시간으로야 5분도 채 안 되지만 그 길이를 더해보면 무려 6km가 넘으니 시오리 길이다. 몰입하는 대목을 읽는 중 터널이 나타나면 왈칵 이는 짜증은 몇 백 m에 불과한 그 구간도 지루할 때가 있다. 국도로 달릴 때같이 창을 열면 잡힐 것 같은 풍경이 아니라 화면으로 명화 감상하듯 해야 하는 것 또한 아쉬움이다. 그러나 그것도 잠시 휙휙 지나는 바깥 풍경에 빠지면 세상만사 부러울 게 없다. 파릇파릇 연둣빛 돌던 설렘은 금세 각양각색 꽃 피우는 무릉도원이 되었다가 오색단풍 수채화인가 싶었는데 어느새 무채색 수묵화로 마음을 다독인다. 이런 파노라마가 어디 있는가.

네 개의 터널을 지나 다섯 번째 터널에 들어서기 직전 멀지 않은 산중턱에 중창한 것 같은 사찰 하나 아담하게 서 있다. 그곳엔 맑은 미소의 비구니 스님이 정갈하게 비질한 모양새가 그대로 나타나는 마당이 있고 그 마당에 들어서면 스님의 말간 미소가 반겨줄 것만 같다. 오늘 아침은 그곳에서 뽀얀 연기가 모락모락 오르고 있었다. 공양 시간은 아닐 텐데 낙엽을 태우는 것이었을까. 낙엽 타는 냄새를 맡고 싶어졌다. 갓 볶아낸 커피 냄새, 잘 익은 개암 냄새, 정말 이효석이 표현한 그런 냄새가 날까? 커피를 떠올리자 갑자기 목이 말랐다. 가방 속에 넣고 다니는 미니 물병을 꺼냈다. 어제 볶아서 끓인 수수차 색깔과 맛이 참 좋지만 차가워서 이젠 보온병에 담아서 다녀야 겠다.

  토요일 완행버스는 언제나 만원이었다. 청소가 끝나자마자 종례도 못 마치고 부랴부랴 간이 정류장으로 달렸지만, 이미 몸을 비틀기도 어려울 만큼 승객으로 꽉 채워진 버스는 모퉁이를 돌 때마다 심한 흔들림과 좁은 공간에 퍼진 땀 냄새로 구역질과 갈증까지 겹쳐 물 한 잔만 마시면 살 것 같다는 생각이 간절할 때 삐익~ 음을 내고 멈춰 섰다. 고장으로 버스에서 꾸역꾸역 밀려 나온 사람들 속에 나도 끼어서 나와 도로가에 쪼그려 앉았다. 강하게 내리쬐던 볕이 시나브로 잦아드는가 싶을 때 '토~오옥' 하는 작은 소리가 귓가에 연이어졌다. 무슨 소리일까? 두리번거리는 바로 옆에서 노랑 꽃잎 벌어지고 있었다. 달맞이꽃이었다. 어디선가 달맞이꽃 피는 소리라는 문장을 읽었던 것도 같고 들은 것도 같지만, 그 소리와 모습을 직접 듣고 본다는 것이 믿기지 않아 홀린 듯 정신이 팔렸었다. "학생, 학생!" 차가 떠난다며 연거푸 불러대는 소리를 듣고서야 부랴나케 고친 버스에 올랐던 때가 엊그제 같다.

  관광철이 지난 요즘 버스의 좌석은 항상 여유롭다. 뒤쯤에 두 좌석을 차지한 채 여유롭게 두 다리를 쭉 뻗고 두꺼운 차창 커튼을 여미고 눈을 감는데 지~익 휴대전화 진동음이 울린다.

사진 보내는 것에 맛들인 친구가 오늘도 꽃 사진을 보냈다. 어? 그 옛날 곰티 날망에서 꼬부리고 들여다보던 달맞이꽃이다. 토~오옥 피는 소리가 날까? 귀에 휴대전화를 대본다.

새엄마

 난 TV 드라마를 무척 좋아한다. 아침부터? 유치하게……. 등 옆 사람이 온갖 소리를 해도 못 들은 척 TV에 빠져서 버스 타고 갈 곳도 택시를 타야 하거나 가끔은 약속 시각을 어기기도 한다. 20여 년 전인가 보다. 그때도 인기리에 방영되던 드라마 주인공인 새엄마 행보에 같이 울고 웃다가 행복한 결말로 끝이 난 뒤 한없이 운 기억이 있다. 그때 끼적여 놓은 것을 보니 '그 역을 맡았던 배우는 홀가분하게 털고 일어나 또 다른 역을 맡겠지만, 극이나 기삿거리처럼 극단적이지 않은 나의 새엄마 역할은 끝나지 않고 계속될 것이다. 아직도 하지 않았으면 하는 일에 더 적극적인 딸, 해주었으면 하는 일을 외면하기 일쑤인 아들. 그네들을 극처럼 끌어안기엔 내 가슴의 넓이가 턱없이 모자란다. 더 많은 세월이 흐른 뒤 아이들 앞에 앉혀놓고 '너희가 있어서 참 행복했다.'라고 말할 수 있을 정도면 얼마나 좋을까. 내가 앞으로 풀어야 할 숙제이며 내 운명이기도 한 새엄마.'라고 쓰여 있다.

새엄마의 명칭인 계모는 동서양에서 권선징악이 주제가 되는 얘기의 주 모델. 어디 옛날얘기뿐인가. 실지 우리 역사의 인물 중에서도 조선 태조의 계비 신덕왕후 강 씨나 그 유명한 조선 중기 중종의 제2계비 문정왕후 윤 씨 등은 대표적인 계모가 아니던가? 사람은 너나없이 선하기를 바라고 잘되기를 바라는 것 같지만, 내 일 아닌 남의 일은 꼬였다가 풀리고 다시 얽히는 갈등을 기대하는 본능이 있는지도 모른다. 그래서 이야기 속 계모는 악하면 악할수록, 전실 자식들은 너나없이 착하고 순할수록, 그리고 후처에 빠진 남편은 전실 자식에게는 무심할수록 손에 땀을 쥐고 듣거나 보는 것 아닐까. 다 지어낸 이야기라면 좋으련만, 현실에서도 다를 것 없이 학대받는 아이들 옆에는 잔인한 계모가 세기를 넘어 지금도 매체에 얘깃거리로 드물지 않게 전파되고 있다. 그래서 흔히 친아들·딸에게라도 조금 소홀하거나 엄할 때면 '계모인 모양이지.'라는 말을 쉽게 하고 "계모 전실 딸 대하듯"이란 속담도 생겨난 모양이다.

전생의 원수가 이승에서 부부 연을 맺는다는 말이 있는데 그이와 나는 어떤 악연의 원수였을까? 그런 원수가 선본 지 한 달 반 만에 결혼식을 올렸지만, 깨가 쏟아지는 신혼이 아니었다. 상처투성이 남편과 순수한 두 아이한테 상처 안 주는 것이 첫째 임무인 새엄마 자리였다. 갸름하니 예쁜 얼굴의 딸애는 유치원 버스를 타고 시내 한 바퀴를 도는 동안 내내 멀미에 시달렸나 보다. 엄마가 집에서 기다리니 머리가 하나도 안 아프다며 존재를 확인하듯 수시로 내 옆을 맴돌며 방긋댔다. 웃으면 눈이 감기는 네 살 아들애는 신발을 일부러 바꿔 신는 듯 몇 번이고 내게 와서는 바로 신겨주기를 바라며 작은 두 팔을 있는 힘껏 벌려 엄마가 이만큼 좋다는 소리를 몇 번이고 했다. 엄마가 몹시도 그리워서 날 따르는 이 아이들과 난 전생에 무슨 인연이었을까?

중학교 2학년 때였다. 1학기 기말고사가 끝난 홀가분함에 친구 경자네 집으로 우~ 몰려갔다. 아버지가 안 계시는 경자네 집엔 사람 좋은 어머니가 항상 손님을 끌고 계셨다. 그날도 예외는 아니었는데 그중에서 못 보던 아주머니 한 분과 눈이 마주쳤다. 웃는 것도 같고 쏘아보는 것도 같은 종잡을 수 없는 표정에 괜히 겁이 나서 얼른 시선을 피하는데 "피한다고 되나? 제일 잘살겠어. 그런데 꼭 재취 자리야." 밑도 끝도 없는 그 말에 우리는 서로를 쳐다보았다. 손수건을 들고 있는 애라니 내가 분명한데 어째서 내게. 무슨 말일까? 내가 제일 못 생겨서 그런가? 사춘기에 접어들어 외모에 무척 신경 쓰던 시절 그렇게밖에는 생각할 수가 없었다. 부모 복에 남편 복, 자식 복도 많지만, 꼭 남의 자식을 거두어야 하는 팔자라고 했다는 말을 우연히 어머니에게 하자마자 다시 한 번 그따위 소리를 했다가는 가만두지 않겠다는 싸늘한 표정과 협박(?)에 입을 다문 뒤로는 다시 꺼낼 필요도 없었다.

팔자였을까? 세월은 흘러 결혼 적령기가 되었지만 거듭된 선보기만으로 서른두 살이 되었다. 집에서나 밖에서나 골칫거리가 된 것 같은 나를 아무리 부인해도 누구 하나 인정해 주지 않는 분위기였다. 그 무렵 들어온 선 자리 중 아이 둘이 있는 남자라는 말을 듣는 순간, 옛날 그 눈빛 이상하던 아주머니가 떠올랐다. 떠올려 보면 그 후에도 비슷한 소리를 몇 번 더 들었던 것 같다. 누군가 내 손금을 보고는 그랬고 재미로 사주를 볼 때도 같은 소리를 들었다. 그냥 무시했을 뿐이다.

선을 본 사람은 운명이란 생각이 억울할 것 없이 지금껏 보아 온 어떤 사람보다 순수하고 진실했다. 다만 어머니의 아쉬움을 다독이기에는 무리였다. 팔자 도둑은 못 한다더니만 하필 좋을 일 없는 어미 팔자를 닮았느냐며 통곡에 가까운 소리를 냈다. 그러나 난 담담했다. 아버지와 50년 넘게 좋은 모습으로 해로하셨으며, 성질 못된 막내인 나보다 연배 비슷한 이복 언니들과 훨씬 더 가깝게 지내는 듯 보이는 엄마의 삶이 그렇게 힘들거나 안돼 보이지 않았기 때문이었을 게다. 당연히 자신 있게 시작한 결혼생활은 그러나, 어머니 말을 떠올리는데 오랜 시간이 걸리지 않았다.

공중목욕탕에 가기엔 어중간한 늦여름이었다. 집 한쪽에는 불을 직접 때서 욕조 물을 데우는 욕실이 있었다. 좀 침침한 그곳에서 네 살배기 목욕을 시키는 중이었다. 갑자기 자지러질 듯 할머니를 부르는 아이의 소리에 이어 "누가 그랬냐?"는 좀체 서둘거나 큰소리를 내지 않는 시어머니의 분노에 찬 소리와 함께 욕실 문이 벌컥 열리고 나를 쏘아보는 눈과 마주쳤다.

"……" 옆에서 귀뚜라미가 톡톡 뛰고 있고 아이는 그것을 가리켰다. 말없이 욕실 문을 닫고 나가시는 시어머니를 그저 멍하니 바라보았다.

아이는 급할 때 할머니를 찾았고 날 많이 위하는 것 같은 시어머니는 애가 놀라는 이유가 아니라 왜 놀라게 했느냐고 묻는……. 난 새엄마였다.

그런저런 일들이 꼬이다 풀어지고 다시 꼬이기를 반복하며 큰 사건 사고 없이 흐른 세월 어느새 40여 년이 가까워졌다. 이제는 싫은 것은 싫다고, 귀찮은 것은 귀찮다고 아무렇지 않게 호들갑을 떨며 얘기하는 닳을 대로 단 새엄마 아닌 헌 엄마가 되었다. 자랑하기보다 손때 묻어 편한 오래된 가구나 집기같이, 보여주기보다 활동하기 편한 헌옷 같은 헌 엄마. 부딪치고 깨져 멍들고 곪은 상처 감추는 것에 급급했던 나는 누구였을까. 정보다 의무에 충실하며 일정한 거리를 두었던 젊은 날의 나, 새엄마는 어디로 갔을까. 계속 곁을 맴돌며 서운한 감정 내뿜다 감추고 다시 뿜어내는 사춘기 아이들은 어디로 숨었을까. 자신들의 진로도 바람도 알 것 없다는 듯 결정 뒤 통보로 일관하던 젊디젊던 아이들은 어디로 사라졌을까. 참고 참는 시늉하던 내 나이를 훌쩍 넘은 아이들은 이제 자칭 보호자가 되어 나이도 위치도 잊은 채 어리광 부리는 헌 엄마로 만들어 버렸다.

110년 만의 더위에 몸부림을 치던 날 친척 결혼식 하객으로 참석하는 것은 고역이었다. 빠질 수만 있다면 빠지고픈 먼 곳 그 자리에 기꺼이 참석할 수 있었던 것은 떨어져 사는 아이들을 만나는 기쁨이 있어서다.

보호받는 어른으로, 보호하는 청장년으로 바뀐 역할이 하나도 이상하지 않은 세월의 힘일까? "너희가 있어 이렇게 좋은 걸. 너희들이 있어 이렇게 든든하고 이렇게 힘이 나는 걸. 고맙다. 정말 고맙다."라는 서른두 살 새엄마가 그리도 하고 싶던 말을 예순일곱 된 헌 엄마가 속으로 수없이 되풀이하고 있었다.

언제던가

"올해도 두 말의 쌀을 불려 건져 놓았다. 방앗간에 가져갈 일이 걱정이다. 남편은 출근했고 연로하신 시부모와 어린애들 셋뿐이니 식구는 많아도 거들어줄 사람은 없다."

30여 년 전 내 일기 한 구절이다. 시댁은 양력설을 쇠었다. 양력설을 권장할 때이기도 했지만 결혼한 시누이 여섯이 모두 모일 수 있는 이유도 한몫했다. 종손인 시아버님이라 큰일이 있을 때면 모이는 사람만 줄잡아 40여 명, 그 뒷바라지는 오롯이 함께 사는 내 몫이었다.

불린 쌀은 몇 개의 소쿠리에 나눠 담아 옮기느라 20여 분 거리의 방앗간 오가기를 몇 번이나 했을까. 양력설 쇠는 집이 많지 않아 오래 기다리지 않았어도 따끈하고 말랑말랑한 떡가래가 나올 때쯤이면 짧은 겨울 해는 이미 기울고 있었다. 떡가래 부피는 불린 쌀에 비해 반도 안 되었지만, 무게까지 줄어든 것은 아니었다. 그대로 방앗간 떡가래 판에 말렸다가 기계로 썬 뒤 옮길 수 있으면 얼마나 좋을까. 그렇게 하라는 어머님 허락이 떨어질 때가 있을까. 꼼꼼하신 시어머님의 허락을 받는 것은 내 바람일 뿐이었다. 많은 사람이 드나드는 방앗간, 뉘 집 것과 바뀔 수도 있고 깔끔하게 보관해서 제대로 썰어줄지 도무지 믿을 수 없다는 고정관념을 깨트리기에 젊은 며느리의 설득은 역부족이었다.

불린 쌀을 옮긴 횟수보다 조금 적게 같은 거리를 오가며 떡가래를 날랐다. 가지런히 늘어놓은 떡가래 채반 위에 상보를 덮어 마루에 열을 지어 앉혀 놓았다. 그 옆에서는 아이들이 뛰어도 안 되고 그 둘레는 빗자루 대신 걸레질만 해야 하는, 적어도 이틀 동안 그곳은 신성불가침지역이었다. 그러나 그것은 시작에 불과했다. 똑같은 제물로 네 상을 차려야 하는 차례상에 어떤 이의를 제기하거나 거스를 수 없이 명절 한참 전부터 걱정과 준비를 함께했다. 마른 것부터 사들인 제물은 어머님 지시에 따라 뒷방에 차곡차곡 쌓아 놓고 빠진 것은 다시 채우는 일을 혼자서 계속했다.

열일곱 살에 층층시하 새댁이 되셨다는 시어머님은 친정에서 몸종까지 데리고 오셨지만, 큰일을 아랫사람에게 맡기지 않았다는 말씀을 누누이 강조하셨다. 시대의 변화 같은 것이야 당신과는 무관했다. 며느리라면 당연히 해야 하는 일, 불평이나 불만은 하찮은 사람들이나 하는 본데없는 짓이었다. 나도 '본데있는' 며느리이고 싶고 그래야 마땅했다. 시원찮게 왜소한 내 체구지만 강단과 고집은 뉘한테 지지 않아서 무슨 일이든 터덕대거나 미루지 않았다. 그 덕에 시어머님 염려나 미움은 받지 않았으니 다행이라면 다행이었을까? 일을 저지르거나 못한다고 뒤로 뺐으면 무슨 수가 생기지 않았을까?

전과 적을 부치고 지지느라 기름 냄새에 절고 온종일 썰어댄 떡가래 덕에 부르튼 손바닥 아파할 새도 없이 다가온 설날 아침. 떡국이 맛있다고, 전이 맛있다고 한 그릇, 한 접시를 더 청하는 가족들 사이로 부지런히 발길을 옮기는데 "너도 어서 먹거라." "자네도 같이 먹지 않고." "당신은?" "엄마는 안 먹어?" 들리는 말, 말들……. 소태맛이 된 내 입과 떡국 솥 앞에서 찔끔찔끔 흘리던 눈물은 설날 연례행사로 한동안 계속되었다.

이젠 내가 시어머니가 되고 차례상도, 모이는 사람도 단출해졌다. 그런데 참, 모를 일이다. 떡국 솥 앞에서 찔끔대던 그 시절이 그립고 그리운 얄궂은 이 마음을.

봉선화

 뒤늦게 얻어온 두 포기 봉선화가 경쟁이라도 하듯 피어난다. 가장자리에 톱니까지 가진 쭉쭉 뻗은 믿음직한 잎과 곧은 꽃대의 보호로 가녀리지만 당당하게 피어나 절정을 이룬다. 크지 않은 화분에서 한 송이 두 송이 피어날 때는 예쁘고 신기해서 매일 세어보던 것을 초록 잎 사이사이 진분홍 꽃잎 너무 빼곡해서 이제는 포기해버렸다. 청상의 언니도 이런 절정일 때가 한 번은 있었을까?
 무더위 속에서 견뎠을 엄마의 고통을 생각하며 미역국을 끓이고 아직은 더 살아야 할 의무감에 잡채도 만들어 아침상에 놓았던 내 생일날. 웃는 것도 우는 것도 아닌 표정으로 흰 국화꽃에 쌓인 언니와 마주했다. 말굽자석같이 휜 몸으로도 빠르게 달려와 "아이고, 우리 동상들, 내 동상들."을 외치며 반가워하던 때가 언제던가. 아무도 알아보지 못하니 바쁜데 올 것 없다는 조카 말을 고맙게 들었던 이기적이고 무심했던 내가 영정 앞에서 쏟은 눈물은 어떤 의미였을까. 세 살에 엄마를 잃고 네 살 때 맞은 스무 살 새엄마에게서 얼마나 사랑받았다고, 생전의 언니는 그때가 좋았다는 말을 수시로 했었다.

모니터를 보면서 아픈 부위에다 연달아 세 대의 주사를 놓은 정형외과 의사는 "이 주사 맞을 때 못 견뎌 하는 환자가 대부분인데 잘 참는 것을 보니 정말 많이 아팠나 보다." 했다. 그랬다. 아무리 아파도 순간인 것을, 몇 달 동안 지속되던 통증에 비할 수 있으랴. 언니 말이 생각났다. 청상이 된 이후 삶이 얼마나 힘들고 팍팍했으면 그리 행복했을 것 같지 않은 그 시절을 행복으로 느낄까.

전시戰時에 총탄을 맞아 형부는 사망하고 언니는 상처를 입었지만, 군인 아닌 민간인이 받을 처우는 없었다. 언니 인생 2막은 그렇게 펼친 지 얼마 되지 않아 상처 입은 몸에 어린 아들과 청상이란 딱지 하나 얻고 막을 내린 뒤 긴 고난의 3막으로 이어졌다. 젊은 며느리 재가를 예견하는 시댁에서는 아무런 지원도 받지 못한 채 삯바느질로 30여 년 세월을 견디며 그때 굳어졌을 표정이 바로 영정 모습이 아니던가. 아니, 부부 교사인 아들 며느리 살림을 도맡아 손자들 키우며 그동안의 고난을 보상이라도 받는 듯 활기차 보이던 때 길지도 화려하지도 않았지만, 그래도 그때가 절정은 아니었을까.

내려앉을 듯 눈앞에 있던 하늘이 고개를 힘껏 젖혀야 할 만큼 올라가자 셀 수 없이 피워대던 봉선화 꽃잎이 멀어진 하늘을 그리워함인가. 하나둘 떨어지고 시들어간다. 힘 있게 뻗쳐 꽃을 보호하던 진초록 잎도 희끗희끗 서리 맞은 듯 혈기 잃은 모습이다. 이제 막 꽃을 피우기 시작한 싱싱한 제라늄 옆에서 초라한 모습이 안쓰러워 차라리 치워버릴까 하다가 또 언니를 생각한다.

　아들과 며느리 손자들을 챙기며 행복해하던 때도 잠시, 인생 마지막을 향하는 시기가 가까워지는 몸은 총탄의 악몽과 함께 빠른 쇠퇴기에 접어들어 병원 단골손님이 되어 있었다. 마지막에는 움직이기 힘든 몸과 정신의 혼미함까지 겹쳐 요양병원 환자가 되었다. 옆에 있는 성인은 두 남동생 중 누구냐일 뿐, 아들은 없었다며 그저 소중한 동생이 옆에 있다는 것을 흐뭇해했다고 조카는 말했다. 당신 옆 보호자는 기억에서 사라진 남편이나 책임져야 할 어린 아들이 아닌 든든한 성인 남동생이라는 생각에 머문 것이 짠하면서도 아흔셋 인생 끝이 초라하지 않아서 얼마나 다행인가. 반듯하게 키우려 호되게도 다뤘던 아들 직계가족의 오붓한 배웅 받으며 떠나게 되었으니. 거기에 요즘 대세인 연상연하 커플같이 이십 대 남편과 구십 대 아내의 만남이라니. 떠남이 슬픔만은 아니라는 생각으로 베란다 화분의 봉선화를 정리해야겠다. 부푼 주머니 속 잘 익은 씨앗에게 내년 여름을 부탁하며.

채송화
금붕어가 되고 싶다
창밖의 여자
물 같고 불같은
오일장에 막걸리 두 잔 마신 여자
장롱을 밀어낸 나의 서재는
되로 주고 말로 받고
엄마 마음
이제는 노을이다

채송화

맘에 맞는 사람들끼리 기차여행을 한 적이 있다. 후덕한 큰며느리 같은 부용화가 분홍과 흰색, 이따금 진분홍 색깔로 스쳐 꼭 한여름에 코스모스를 보는 것 같아 꽃 이야기가 주류를 이루다가 우리도 각자 꽃 이름 하나씩 갖자는 의견이 모였다. 각각의 분위기와 생김새로 서로서로 이름을 붙여주었는데 그때 이름이 채송화였다. 꽃 이름이라면 채송화 말고도 그 옛날 중학교 시절에 붙여져 지금껏 내 ID로도 쓰고 있는 것이 있지만, 특별해지고 싶다는 열망이 강하던 시기에 스스로 지은 이름인데 우아한 국모國母로 추앙받던 분이 좋아하는 꽃으로 소문이 났다. 이미지와도 꼭 맞는 듯해서 아예 그분 꽃이 되다시피 하니 나와는 먼 거리의 꽃이 되고 말았다. 이번엔 남이 지어준 꽃 이름 채송화를 생각하며 오래도록 내 이미지를 그에 맞추고 싶다.

채송화는 고작해야 한 뼘 남짓한 키에 손가락 한 마디 정도의 여린 꽃잎 한두 송이가 줄기 끝에서 피어날 뿐이다. 그것도 맑은 날에만 피었다가 점심때가 조금 지나면 시들어 버린다. 관심 밖에 있는 작은 못난이 꽃. 그래도 난 채송화를 좋아한다. 아니, 그래서 좋아한다. 나는 채송화다.

"아이고, 우리 막둥이가 늦게 생겨나서 종그래기(종지)같이 간종((요긴)하게도 써먹네." 하면서 칭찬이라고는 인색한 어머니도 이따금 내게 그런 소리를 했고, 언니들은 더 자주 같은 말을 지금도 쓰고 있다. 사람은 태어날 때 제 밥그릇을 타고난다는 말이 있듯, 그릇의 크기까지 정해져 있는 것은 아닐까. 커다란 함지박이나 큰물 항아리로 태어나는 사람이 있는가 하면, 김치보시기나 간장, 고추장 종지로 태어나는 사람도 있을 것이다. 난 작은 종지로 태어났다는 생각을 자주 한다. 작은 일에 연연해하고, 물건을 살 때도 작은 것을 위주로 고르다 보니 쓰고 있는 가전제품이나 생활용품도 다 고만고만한 것들이 도토리 키재기 하듯 놓여있다. 어디 물건들뿐인가. 보통에도 훨씬 못 미치는 체격, 그중에서도 유난히 작은 발은 맘에 드는 신발 한 켤레 고르기도 어렵다. 내가 즐기는 것 또한 서랍 정리다. 마음이 심란하거나 무력감이 밀릴 때 옷장 서랍을 비롯해 화장대와 찬장 서랍 등을 다 빼놓고 차곡차곡 정리하다 보면 편안한 마음이 되곤 한다. 그럴 때면 여자로 태어난 것을 감사하며 안도감을 느끼기도 한다. 남자로 태어나 가장이 되었다면 처, 자식 책임지는 것이 얼마나 벅찼을까 싶어서 피식 웃어도 본다. 그런 나를 잘 아는 사람들은 내 됨됨이를 작은 것들에 비유하고 그렇게 인정한다. 그것을 언짢아하지 않는다. 작은 종지가 큰 항아리 쓰임새를 못 따라가겠지만, 밥상에 간장이나 고추장 항아리 통째로 올려놓을 수도 없는 일 아닌가. 그런 내게 작은 못난이 채송화는 딱 어울리는 꽃이 아닐 수 없다.

채송화는 여름철 내내 땅바닥을 화려하게 수놓으면서도 지치지 않는 꽃이다. 그렇다고 남의 영역을 침범하거나, 남의 몸을 친친 감고 올라가면서 피해를 주지도 않는다. 기다란 줄기 끝에 달랑 한 송이 매달려서 불안하고 가련하게 피지도 않고, 한 줄기에 송이송이 두루뭉실하게 피지도 않는다. 줄기 끝 적당한 부분에 반듯한 모습으로 피어나는 꽃이다. 생명력이 강하지만 아무 곳에서 아무렇게나 자라지도 않는다. 반드시 사람들이 관심 가지는 공간에서만 자란다. 지는 모습 또한 때 되면 도르르 말려 없는 듯 스러져 귀엽기까지 하다. 필 때는 눈부시게 아름답지만 질 때는 전혀 다른 모양새에 실망하는 꽃과는 다르다. 그 옆자리엔 금방 또 다른 봉우리 맺혀 빈자리를 메우며 외롭지 않게 살다가 가는 꽃이다.

채송화는 작아서 환대받지 못하는 꽃이지만 작다고 홀대받지도 않는 꽃이다. 어디서든 분명한 자기 자리를 지키며 장마나 가뭄, 폭풍에도 끈질기게 버티는 인고의 꽃이다. 좁은 보도 불럭 사이에서도 군말 없이 긴 여름을 보내고, 가는 여름 끝까지 배웅해 주는 의리의 꽃이다. 오늘따라 파란 하늘 아래 빨갛고, 노랗고, 하얀 채송화가 더욱 선명한 색깔로 시선을 끈다. 나는 채송화다.

금붕어가 되고 싶다

 수족관 주인은 산소기와 고급 어항까지 권했다. 난 움직이는 금붕어를 보고 싶을 뿐이라며 빨강 금붕어 두 마리와 작은 어항 하나만 사 왔다. 놓을 자리가 마땅치 않아서 책꽂이 위에 조심스레 올려놓았다.
 커다란 지느러미를 시원스레 흔들며 헤엄치는 모습이 마치 나비의 가벼운 춤사위 같다. 쉼 없이 입과 꼬리를 움직이지만, 경망스러워 보이지 않는 것은 원래 점잖은 성격을 갖고 있어서일까. 수평으로 가만가만 움직이다 수면 위의 먹이를 살짝 입에 넣고 주위를 살피며 부지런히 몸을 놀린다. 똑같이 반복되는 그들의 일상을 넋 놓고 바라보았다.
 지능지수가 가장 낮다고 알려진 금붕어의 망각지수는 3초라던가. 그 때문에 조그만 어항 속에서도 돌아서면 다른 세상,

또 다른 세상이 이어지니 '아 행복한 세상, 오 즐거운 생활'일까?

  끝없는 욕심으로 얼룩지는 마음, 접히지 않는 승부욕에 막히는 가슴, 내가 그리는 이상세계는 어느 만큼에서 만날 수 있을까. 생각하고, 행하는 일들이 자꾸 어긋나며 삐걱거렸다. 화려한 넝쿨장미가 담을 타고 넘고, 공작선인장 봉오리가 날로 부풀어도 애써 외면했다. 그네들의 잔치일 뿐 나와는 상관없는 일로 마음을 닫아버렸다. 인간의 능력에는 한계가 있는 것이건만 무한정의 능력을 원하는 어리석음과 교만에서 오는 불성실의 결과가 나를 자꾸 괴롭혔다. 건강에도 문제가 생겨 하루에도 두 군데 병원을 오가며 지쳐가고 있었다. 가는 곳마다 피로가 누적되고, 갱년기 증상이니 푹 쉬면서 안정하라고만 했다. 그것이 식구들 탓이기라도 한 양 온갖 짜증과 심술을 다 부렸다. 남편도 위로는커녕 먹고사는 일도 아닌 것에 몸 축내고 있다며 성가셔하는 것이 보였다. 그런 일이라면 이렇게 고민하지 않고 차라리 눈 감아버리겠다며 버럭버럭 화를 냈다. 물불 가리지 않고 덤벼대는 나한테 질렸는지 잠잠했다. 이래서는 안 되는데…. 그것은 마음뿐 식구들이 모이는 식탁에서도 오만상을 찌푸리는 내게 막내가 금붕어 얘기를 했다. 모처럼 소리 내어 웃었다. 제자리서 돌기만 해도 항상 다른 세상이니 행복할 수밖에 없는 금붕어를 당장 보고 싶었다. 하룻밤을 기다리는 것도 지루했다.

물까지 넣은 어항의 무게는 상당했지만 들고 오며 힘든 줄도 몰랐다. 밖에서 들어오면 제일 먼저 금붕어를 본다. 잘들 놀았니? 수면 위에 작은 거품이 고여 있다. 벌써 물 갈아 줄 때가 되었나 보다. 받아놓은 수돗물로 갈아주자 몸놀림에 신이 났다. 위로 솟구치고 옆으로 돌고 소리 나게 물을 튀기기까지 하며 고맙다는 무언의 인사를 수없이 건넨다.

 좁쌀 같은 먹이를 엄지와 검지로 집어줘도 절대 허겁지겁 받아먹지 않는다. 시나브로 나눠서 둘이 사이좋게 먹고 있다. 욕심도 없이 시샘도 없이 앞서거니 뒤서거니 쉬지 않고 움직일 뿐이다. 욕심과 아집으로 가득 찬 내 모습을 옆 눈으로 쳐다보며 무언의 교훈을 준다. 훌훌 털어 버리고 살라는 듯, 버릴 것 다 털어 버린 홀가분한 모습을 보라는 듯 가벼운 몸놀림을 멈추지 않는다. 급랭시켰다가 따뜻한 물에 녹이면 다시 살아난다는 단순하고 겸손한 금붕어. 나도 갖은 잡념 떨쳐내고 뒤돌아서면 잊고 마는, 한 마리 금붕어가 되고 싶다.

창밖의 여자

"여보쇼, 여기 좀 보쇼~." 소리를 쳐 보지만 들리지 않는지 지나가는 사람 누구도 반응이 없다. '어떡헌대, 이 노릇을 어떡혀.' 혼자 아무리 중얼대 봐도 소용이 없다. 닫힌 창문은 꿈쩍하지 않고 조금 그치는가 싶던 눈발은 다시 날리기 시작한다. 출근과 등하교 시간이 지나서인가. 너른 아파트에 이젠 지나가는 사람조차 없다. 이게 무슨 일이람. 밤새 내린 눈에 젖어 축축해진 슬리퍼를 뒤집어 놓고 그 위에 풀썩 주저앉는다. 출근하는 며느리가 '베란다에 나갈 때는 문을 조금 열어 놓으시라.' 하던 말을 이제야 곰곰 생각한다. 그때는 앞뒷말 자른 채 목욕도 매일 하고, 옷도 말끔한데 이 추운 날 문을 열어 놓으라니 늙은이 냄새난다는 것을 에둘러 말하는 것으로 알았다. 괘씸한 생각에 너는 나이 안 먹을 줄 아냐? 너 같은 청춘엔 나도

'한 깔끔'했었다고, 건성으로 알았다고 대답하며 닫히는 현관문을 향해 눈을 흘겼었는데.
 아, 춥다. 어제 볼 때는 나무 빽빽한 앞산과 아파트 앞뒷동이 멀찍해서 좋아 보이더니만, 오늘은 그래서 을씨년스럽고 바람도 더 심한 것 같다. 몸을 아예 또르르 말다 싶을 만큼 웅크린 채 영감이 하던 말을 떠올린다. "눈치껏 굴어. 잘 났다고 나부대던 때는 다 지난 시절이여. 세월은 변하고 사람도 변하는 거여." 남의 말 잘 듣지도 않고 긴말도 하지 않는 이가 이상하다 싶게 잔소리를 늘어놓는 것이 영 마땅치 않아 "내가 애요? 왜 않던 소리로 심란한 사람 맘을 더 심란하게 허요?" 한마디했었다.
 항상 팔팔하던 조림댁이었다. 논으로 밭으로 일이 있는 곳이면 몸 사리지 않고 부지런히 움직였다. 부녀회를 비롯한 시골에서 이루어지는 온갖 모임에도 앞장서서 밤낮으로 뛰었다. 그런 조림댁을 조림양반은 이제는 무던한 눈으로 지켜보지만, 한때는 무척 못마땅해하기도 했다. 부모가 남겨준 논밭을 지키며 사는 데 큰 지장 없는 것에 만족하는 사람으로서는 당연할 수도 있다. 지금은 세 남매 바르게 키워 제 할 일 하는 데다 본인과는 달리 욕심 많은 조림댁, 그 욕심으로 하는 일들에 신바람이 나니 그저 묵인하는 셈이다.
 그런데 언제부터인지 조림댁 오른쪽 무릎이 밤이면 조금씩 시큰거렸다. 많이 움직여서이겠지 생각하며 그때마다 파스 한

장씩 붙이면 괜찮아져 한동안 그렇게 지냈는데 그게 아닌 모양이었다. 참기 힘들 만큼 심한 진통에 자주 식은땀을 흘리기 시작했다. 예삿일이 아니었다. 앉았다 일어날라치면 다리에 느껴지는 천만 근의 무게로 끙끙 신음하는 날이 계속되었다. 마침 설에 다녀간 아들 내외가 곧바로 서울의 병원에 예약해 놓고 불러서 어제 올라온 것이다.

아들 내외가 출근한 뒤 혹 일거리가 없나 구석구석 둘러봐도 일거리는커녕 먼지 한 올 보이지 않는다. TV도 별 재미가 없다. 밥숟갈만 놓으면 대문을 나서던 버릇으로 현관을 바라보지만 불편한 다리로 어디를? 하다가 옳지, 왜 그 생각을 못했을까. 베란다 문을 열었다. 대부분 입주자들이 꺼리는 아파트 1층 세대에게 부여한 서비스 공간, 테라스 앞엔 나무를 심을 수 있는 미니정원도 마련돼 있다. 엄마가 좋아하는 목련나무를 주문하려니 너무 비싸서 벚나무로 대신했다는 아들 말에 눈시울이 뜨거워졌었다. 목련이 아니면 어떤가, 생각해주는 그 마음이 그토록 고마운 것을. 그 미니정원을 한참 동안 쳐다보았다. 내년 봄이면 작은 벚꽃 몇 송이 피어나겠지. 그때 우리 아들, 비싸더라도 목련 한그루 심을 걸 하지는 않을까? 아들 맘이 불편해서는 안 되는데…….

그리곤 갇혀 버린 것을 알았다. 닫히는 순간부터 밖에서는 열리지 않는 철저한 보안의 요즘 창문, 창 너머 거실로 아무리 애절한 눈빛을 보내도 봐주는 이 없이 창밖의 여자가 돼버린 것이다.

　검사 예약일은 내일이다. 남에게 신세 지는 것을 질겁하는 조림양반은 아들네라고 예외가 없다. 아들 내외 권유가 아니라도 하루 먼저 가서 쉬었다가 검사를 받는 것도 괜찮다 싶은 조림댁과 달리 조림양반은 막무가내다. 그 고집을 꺾을 수는 없고 서운한 마음에 퉁퉁 부어 혼자 나서자 그래도 걱정은 되는지 이것저것 해대는 잔소리에 쏘아붙이던 어제가 그립다. 영감과 같이 왔으면 이런 일도 없고 있다고 한들 무슨 걱정이겠는가. 언제나 조림댁이 저질러 놓은 일 마무리는 조림양반 몫이었다. 가끔은 귀찮아하기도 했지만, 대부분은 기꺼이 자기 일이거니 했다. 젊을 때는 그게 당연한 것으로 알았던 조림댁도 나이 칠십이 내일모레고 보니 그게 얼마나 큰 복인가 싶어 고마운 마음이다. 그 영감이 곁에 있었으면, 저녁때나 돼야 도착할 영감한테 연락할 방법도 없다. 휴대폰은 창 너머 거실 소파 위에 얌전히 놓여있다. 이 노릇을 어이할꼬. 왜 혼자 상경을 해서 이 못 할 노릇인고.

물 같고 불 같은

 오두막을 면한 길갓집에 물 같은 그녀가 있다. 콸콸 소리 내며 흐르는 장마 때의 성난 물이 아니고 가뭄 때면 바닥을 드러내는 얕은 개울물도 아닌 것 같다. 모래톱 사이를 여일하게 흐르는 잔잔한 강물 같은 여자. 입구에 약한 전구 하나 켜놓은 것이 영업 중임을 알리는 그곳은 4인용 좌식 식탁 2개와 입식 식탁 세 개가 전부이다. 식당을 운영하는 물 같은 그녀는 크게 웃거나 손님을 향해 상냥한 미소도 짓지 않는다.

 식탁을 가득 채운 손님 앞에서도 서두르거나 당황하는 법이 없다. 그렇다고 느릿느릿 꾸물거리는 것도 아니다. 차려내는 국수 종류나 묵밥 또한 기가 막히게 맛있는 것도 아니다. 밍밍하기까지 한 그 음식들은 그러나 가끔 생각이 나는 묘한 매력이 있다. 워낙 좁기도 하지만, 술을 팔지 않아서인지 가게 안은 항상 조용하다.

"물을 아껴야 용왕님이 복을 주신다." 하는 말을 입에 달고 살던 어머니가 생각난다. 외가나 친가 모두 유난히 물 좋은 고장으로 그 옛날에도 집안에 물맛 좋은 우물이 있었지만, 어머니의 물 절약은 단호했다. 채소 씻은 물이나 세수한 물을 그냥 버리면 벼락이 떨어지는 것은 당연한 일, 나도 자연히 물 절약이 몸에 배었다. 앞집 살던 후배는 내 그런 모습을 보며 궁상떤다고 놀려댔다. 난 아무렇지도 않다는 듯, 그 습관을 지금도 이어오고 있다. 그러나 어머니나 나나 물같이 조용한 사람은 아니다.

보편적 정서로 볼 때 장소나 하는 일과는 거리가 있는 불같은 여자가 있다. 자작자작 타는 불이 아니라 이글이글 타고 있는 잉걸불 같은 여자는 언제 화르르 큰불로 발화할지 몰라 가까이하기에는 조심스럽다. 불특정 다수가 모이는 장소에서도 기발한 몸짓의 스트레칭과 한 번 더 바라보게 되는 과감한 복장으로 유유히 일터를 누빈다. 처음 볼 때와 달리 이젠 그러려니 하면서도 유난히 튀는 모습에 다시 눈길이 가는 것은 어쩔 수가 없다. 가까운 이국에서 가수로 십여 년을 살았다는 둥, 엄마가 근동에서 소문난 욕쟁이였다는 등 진실 유무를 확인하면 금방 알 수 있는 소문이지만, 모두가 굳이 알려고 하지 않는다. 강한 억양 속 혹이 행여 튈까 조심하는 정도다. 그런데 어느 때 보면 깊은 사색에 잠긴 순한 모습의 평온함이 보이기도 하는데 그 모습은 불보다 물에 가깝다는 생각이다. 물은 물이고 불은 불인데 사람 내면은 어느 한 가지로만 채워지지 않는 다양성이 존재하는 것 같다.

크든 작든 해야 할 일이 있으면 앞뒤 가리지 않고 덤벼들어 후다닥 해치워야만 하는 나는 그만큼 실수도 잦은, 불에 가까운 성격이다. 결혼한 지 얼마 안 되었을 때다. 시장에 갔다가 남성복 매장에서 눈을 사로잡는 바바리를 앞뒤 생각하지 않고 사서는 남편 치수에 맞게 고치기까지 해서 들고 왔다. 그러나 본인이 극구 싫어하기도 했지만, 입혀보니 아니었다. 그래도 난감함에 그냥 입으라고 떼를 썼으나 먹힐 일이 아니었다. 실랑이 끝에 남편 옆에 숨듯 주춤주춤 들어선 매장 한쪽에서 죄지은 사람처럼 서 있는데 주인과 남편, 웃으면서 악수를 하는 게 아닌가. 어떤 설득을 했는지 묻지도 못했다. 가끔 저지르는 이런 식의 실수 뒤처리는 항상 남편 몫이다. 난 가끔 뜨겁지도 차갑지도 않은 남편에게 흐리멍덩하니 맹물 같다고 구박할 때가 있는데 항상 밍밍한 맹물이 아닌 때도 있어 다행이기는 하다.

난 급박한 문제가 생겼을 때도 당황하거나 서두르지 않고 침착하게 대처한 뒤 조용히 미소 짓는, 조용한 물 같은 여자였으면 싶을 때가 있다. 그러나 별일도 아닌 것에 호들갑을 떨고 가까운 사람을 화다닥 들볶는, 불에 가까워 민망하고 바꾸고 싶을 때가 많다. 흔들림 없는 장독대의 정화수는 바라지도 않는다. 깊은 우물 속에서 두레박에 퍼 올리며 질금질금 흘리는 물이라도 되고 싶다.

오일장에 막걸리 두 잔 마신 여자

 그날도 작은 군내버스에 승객이라고는 손으로 꼽을 정도였다. 그중 사십 대 중반이나 되었을까. 여러 개의 비닐봉지에 담긴 짐들을 양손 가득 든 아낙이 차에 오르자마자 부스럭대기 시작했다. 들고 있던 봉지의 짐들을 꺼냈다가 다시 넣고 다시 꺼내고, 어디론가 하는 전화 소리는 어찌나 크던지 모두가 쳐다보는데도 아랑곳없었다. 무언가 받아야 할 것을 받지 못한 듯 "주지 않으려면 애초에 광고를 말지 왜 사기를 쳤느냐." 하며 한동안 식식대더니 전화를 끊고는 내렸다.
 그러자 기다렸다는 듯 "꼭 오일장에 막걸리 두 잔 마신 여자 같다."고 중얼대며 읽던 책을 팽개치듯 의자에 놓는 이가 있었다. 가끔 버스를 동승하며 눈인사 정도 하는 사람이었다. 술이 거나해서 탈 때는 옆 사람과 말다툼도 하고, 시를 쓴다는 둥,

누구누구를 잘 안다는 둥 자기 과시를 꽤 하고 싶어 하는 것 같은 사람이었는데 그가 불쑥 내뱉은 말. 차량 음주단속에 걸리거나 음주로 인한 시비에 휘말리는 것이 남자만이 아닌 요즘 세상에 여자와 오일장과 막걸리, 거기에 한잔이나 열 잔이 아닌 두 잔이란 말에 담긴 어떤 낭만이랄까, 어쨌든 재밌기도 하고 우습기도 해서 여러 사람에게 그 얘기를 하며 웃어댔다. 한참이 지난 지금 다시 옛 기억과 함께 나를 돌아보는 일이 잦아졌다.

초가지붕 아래 네 개 기둥만 세워진 맨땅에 가마니를 깐 몇 개의 전廛과 회색으로 보이는 흰색 천막까지 합치면 요즘 대형마트 매장 한 층 넓이는 되었을까. 닷새마다 열리는 시골 장날의 장터. 없는 게 없는, 말 그대로 장날이었지만, 내게 또렷이 남아있는 기억과 추억은 아무래도 술과 함께 팔던 국수전이다. 점심시간이 시작되자마자 아이들과 우우 달려 나간 장터에는 까만 뚝배기에 둥글게 말린 삶은 국수사리를 담아 송송 썬 파를 얹어 커다란 솥에서 연신 끓고 있는 육수를 부어주던 국수전이 있었다. 네모진 천막 가운데를 긴 바지랑대로 고여 한 귀퉁이를 걷어 올린 그곳은 대충 짜 맞춘 긴 탁자와 의자 두 개가 ㄱ자로 놓여있었다. 평일이면 후줄근한 차림으로 새우젓을 팔러 다니는 아주머니가 흰 앞치마에 수건을 쓴 다른 모습으로 장사하고 있었는데 그곳에 가면 으레 술을 마시고 있는 엄마를 만날 수 있었다. 손님들은 거의 남자들로 여자는 우리 엄마와 나뿐일 때가 많았는데 국수를 파는 아주머니나 들고 나는 손님 중에는 엄마께 '사모님'이란 깍듯한 호칭으로 정중한 인사를 하기도 했다. 엄마는 그때마다 그저 고개만 까딱했다. 난 국수를 먹는 것에 정신이 팔려있어 그때 엄마가 마신 술이 막걸리였는지는 모르겠다. 평소 엄마는 대두병 소주를 정짓방(주방) 찬장에 넣어 두고 큰 컵에 따라서 수시로 마셨지만, 장터 국수전에는 커다란 항아리와 쭈그러진 주전자가 있던 기억으로 막걸리였지 싶다. 엄마가 그 장에서 마셨던 막걸리는 몇 잔이나 되었을까.

며칠 전, 지역 공부를 함께하는 회원의 생일날 집으로 초대받았다. 차려진 여러 음식 중 제일 눈길을 끈 것은 파랗게 데친 미나리와 보랏빛 주꾸미를 함께 무친 것이었다. 매콤하면서도 새콤달콤한 맛에 계속 젓가락을 대면서도 무언가 빠진 듯한 서운한 느낌을 앞에 앉은 박 선생이 말로 대신했다. "막걸리와 함께하면 딱 좋은데." 그랬다. 그렇게 맛깔스러운 안주가 있는데 어울리는 막걸리가 없으니……. 그러나 그곳은 아쉬움으로 접을 수밖에 없는 목사님 댁이었다.

요즘 난 술을 자주 마시는 편이다. 마시고 싶은 자리, 마실 수밖에 없는 자리, 물론 사양하거나 못 마시는 흉내를 내며 내숭을 떠는 자리도 있다. 그러나 대부분 사양하지 않고 마신 후의 기분 또한 좋을 때가 많다. 그날도 그랬다. 하루 9시간씩

닷새간 이어지던 교육이 끝난 시간, 두 명의 왕이 났다는 전설 속 깊은 산속이었다. 그 지역의 막걸리가 간단한 안주와 함께 배달되어 있었다. 지칠 대로 지친 심신에 산속에서 마시는 막걸리 몇 잔의 평온을 어디에 비할까. "연~분~홍 치마가~ 보~옴 바~람~~에 휘날~리더라~~." "사랑해선 안 될 사람을~ 사랑하는 죄이라서~." 소리 내어 부르고 싶은 노래는 그러나, 입속으로 가만가만 불렀다. 장날도 아니고 내 손엔 짐 보따리도 없고 두 잔이 아닌 석 잔을 마셔서.

장롱을 밀어낸 나의 서재는

참자. 참아야 한다. 까딱 말대꾸라도 잘못했다가는 서재라는 명목마저 잃어야 할 판이다. "잘하면 남편까지 내다 버리겠다." 불같이 화를 내는 남편을 보며 할말을 꿀꺽꿀꺽 속으로 삼켰다.

이것저것 늘어놓아도 무리 없던 한옥에서 작은 아파트로 옮기고 보니 모든 것이 옹색하기만 했다. 그래도 작은 서재는 꼭 꾸미고 싶었다.

손때 묻고 눈길 머문 한 권, 한 권을 책장에 보기 좋게 건사하는 대신 장롱 한 짝은 거실 신세를 져야 했다. 현관을 들어서면 먼저 뜨이는 장롱 옆면이 거슬렸지만 어쩔 수 없었다. 그러다가 그마저도 치워야 할 사정이 생겼다.

어떤 경연대회에 나가 운이 좋아 우승을 한 계기로 몇 매체와 전화 인터뷰가 있었는데 그중에는 방송 프로그램에 내 일과를 담아서 내보내고 싶다는 연락이 온 곳이 있었다. 처음 겪는 일이라 망설이면서도 못 할 것도 없다 싶어 응했는데 일터는 물론 집안에서의 생활도 찍고 싶다고 했다. 이를 어쩌지? 거실에 들어서자마자 버티고 선 장롱 한 짝을 먼저 보게 하고 싶지는 않은데. 그렇다고 남편한테 버리자는 말은 차마 못 한 채 촬영 날짜는 다가오고 입이 바작바작 탔다. 심 봉사가 스님과 한 약속 후의 마음이 이랬을까?

안 떨어지는 입으로 간신히 꺼낸 내 말에 예상한 대로 당장 촬영 약속을 취소하라고 노발대발 난리가 났다. 사생활 노출의 금기는 물론 떨어진 양말 한 짝 버리는 것도 싫어하는 사람인데 오죽하랴. 불특정 다수에게 집안을 공개하며 장롱을 버린다는 것은 말도 안 될 수밖에. 그래도 엎드려 읍소하는 시늉이 통해 장롱이 있던 자리에 촬영 도구들이 세워졌다. 서재를 중심으로 한 촬영의 방송화면은 실지보다 괜찮아 보였는지 여러 사람 연락이 한동안 이어졌으나 못마땅한 남편 표정은 바뀌지 않았다. 덧붙여 한마디씩 내뱉는 "보지도 않는 책 치우고 그 자리에 장롱을 넣었으면 되었잖아." 하는 말은 십여 년이 지난 지금까지도 이어지고 있다.

글을 조금씩 알게 된 때부터 오빠 방 책꽂이에 빼곡하게 꽂힌 책들이 참 보기 좋았다. 꺼내서 펼쳐보아도 뭐가 뭔지 모를 내용이었지만 나도 크면 꼭 그렇게 꾸며 보리라 생각했다. 그런 생각이 잡다한 시련(?) 을 이기고 몇 십 년 만에 현실이 되었다. 소중한 공간에 소원대로 책이 쌓여갔다. 양식이 넉넉하면 먹지 않아도 배부르다고 하듯, 보기만 해도 흐뭇했다. 사서司書라도 된 듯 그날그날 오는 책과 서점에서 산 책을 일일이 기록하고 작은 책장을 사서 보태며 서재에 머무는 시간이 길어졌다. 행복이 별것이던가. 부러울 게 없었다. 읽는 재미보다 모으는 재미가 더 컸던 기간이 아니었나 싶다.

   그런데 "넘침은 모자람만 못 하다."고 하더니 시간이 흘러 서점에서 사 온 책은 물론 동인과 단체에서 보내오는 책이 많을 때는 하루에도 대여섯 권, 책장을 늘리는 것이 한계에 이르렀다. 집을 늘려서 옮기기 전에는 쌓이는 책을 정리할 방법이 쉽지 않다. 방 크기에 맞는 책장을 채우고 남는 책들이 늘 돌쟁이 키 높이로 쌓여있다. 추려내고 덜어내고 이리저리 필요한 곳에 보내도 마찬가지, 줄지를 않는다. 마치 소설 속 화수분같이. 무엇으로 쌓인 이 책들을 밀어낼까.

되로 주고 말로 받고

 5~6년쯤 전이었을까? 오래 이어오는 한 정기모임에서 "아이고, 그 반지 예뻐요. 어디서 샀어요?" 한 선생님이 내 손에 낀 반지를 보며 하는 말이었다. 본래 장신구 착용을 좋아하지 않으나 이따금 기분이 내키면 손쉽게 살 수 있는 것을 사서 끼거나 걸고 나가 자랑할 때도 있다. 그날이 그런 날이었다.
 매주 토요일이면 경기전 주차장에서 열리는 프리마켓에서 압화가 든 초록색 반지를 하나 사서 처음 끼고 나간 날, 구순에 가까운 선생님의 간절한 눈빛에 끼고 있던 반지를 빼서 드렸다. 처음에는 비슷한 것이 있나 토요일이면 나가 돌아보기도 했지만, 어느 때인가부터 아예 잊어버리고 살았다. 그리고 며칠 전 선생님으로부터 택배 하나를 받았다. 고운 한지함 속에 정겨운 손글씨 편지와 함께 그 옛날 빼 드렸던 반지가 곱게

싸여 있었다.

 장롱에 넣어 두고 그리도 좋아했지만, 요즘은 지팡이에 의지해 간신히 생활하다 보니 돌려줄 때가 된 것 같다는 생각이 들어서 보낸다고 했다. 딸이나 며느리에게 줄 수도 있지만, 의미가 없어 꼭 내게 주고 싶어 보낸다며 한지에 또박또박 쓴 글씨는 평소 선생님 성정과 닮아 있어 몇 번을 읽고 또 읽었다.

 거절할 수도 없는 상황에 선생님이 주신 선물로 생각하고 오래 간직하겠다는 답을 쓸 수밖에 없었다. 답례로 함께 보낸 작은 선물에 손수 만든 한지 팔각찻상을 보내며 또 선물을 보내면 되돌려 주겠다는 엄포로 마무리를 지어주시는 바람에 수지맞는 인생이란 이런 게 아닐까? 하면서 "되로 주고 말로 받았다."고 주위에 자랑을 얼마나 했던지.

 올해 아흔셋 되신 선생님은 팔순에 모 일간신문 신춘문예 당선과 이름 있는 문학상 공모에서 대상을 받으며 많은 이를 놀라게 하고 부럽게 했다.

 여린 몸매와 조용한 성품은 날고뛰는 문우들 사이에서 튀지 않으면서도 확실한 존재감을 보였다. 그분 앞에서는 옷깃을 여미며 말 한마디 함부로 해선 안 될 것 같은 위엄이 있었다. 그러면서도 누구에게도 서운하지 않게 했다.

 사람과 사람의 관계란 주는 것 없이 미운 사람이 있는가 하면 그 반대로 크고 작은 일로 감사할 일도 많다. 다만, 내가 다른 이에게 어떤 사람일까를 생각해 볼 때가 있다. 쓸데없이 헤프거나 냉정하거나 모가 나지는 않는가. 겉포장은 그럴듯하게 하고서 빈 강정 같은 속을 가지지는 않았는가.

　유리 덮개를 해야 오래 쓴다며 본本까지 떠 보내주셔서 맞추고 보니 한결 빛이 나는 찻상을 거실에 앉혀 놓았다. 흰 바탕에 부귀영화를 상징하는 모란이 가운데 자리하고 환한 파란색 선을 둘렀다. 팔각기둥에는 아기자기한 꽃과 글씨로 채워져 도배한 지 오래된 작은 거실에 밝은 기운이 쏟아졌다. 들고나며 세상 다 가진 듯 행복했다. 그렇게 사나흘이 흐르자 나도 선생님 흉내가 내고 싶어졌다고 할까.

　전통적인 물건에 관심 많은 며느리를 주면 나보다 더 오래 간직하지 않을까 하는 생각은 금방 결심으로 굳어졌다.

　설이 한 달 남았다. 아들 부부가 코로나로 몇 번의 귀성을 생략할 때도 이렇게 기다리지 않았는데 요즘은 하루가 여삼추다. 며느리는 분명 좋아할 게다. 선생님도 분명 싫어하시지 않으리라. 더 오래 간직하며 아낄 사람에게 물려준다는 생각으로 매일 들뜨는 일상에 신이 난다.

엄마 마음

아주 오래전 네 살 된 막내를 찾아 한나절을 헤맨 적이 있다. 아무 일도 없이 아이는 내 품에 안겼으나 부르튼 내 아래위 입술은 한 달이 넘도록 가라앉지 않았고 지금도 가끔 그때 상황이 악몽으로 찾아들곤 한다. 그래서일까. 아직도 출근길을 배웅하고 돌아설 때면 찡한 가슴이 될 때가 있다. 서른이나 된 아들을 향한 지나친 마음이라 해도 엄마 마음인 것을.

해전이라도 치르는 것 같은 TV 화면의 바다 풍경. 진도 앞바다 세월호 침몰사고의 전쟁 아닌 이 전쟁은 며칠째. 그 끝은 언제일까. 울부짖음과 분노로 해결할 수는 없어도 그마저도 자제하라거나 자제한다면 산 자와 죽은 자가 다를 게 무엇인가. 마른하늘에서도 날벼락은 내리는가. 어떤 때 그런 일이, 어떻게 일어날 수 있단 말인가. 정말 마른하늘 날벼락이라면 알게 모르게 저지르며 사는 잘못을 반성이라도 하는 천재天災라도 여기지. 캐면 캘수록 줄줄이 엮여 나오는 책임자들의 어처구니없는 부주의와 상상 밖 무책임으로 인한 인재는 분노라도 하지 않고는 견딜 수가 없다. 무엇으로 잃은 내 자식, 내 가족을 대신할 것인가. 등에 업은 아기에게 사과 한 개를 통째로 맡기고 침만 꼴깍 삼키면서도 흐뭇한 엄마 마음이라고 했는데. 그 뻔히 보이는 바다에 갇혀 있는 내 아이를 두고도 아무것도 할 수 없다는 안타까움은 이미 나이면서 내가 아니고 나이지만 나일 수가 없으니 몸인들 혼인들 내 것일까.

  스무 걸음 안팎의 큰길에 나가 달걀 한 판 사 들고 왔으니, 잠깐이었다. 그 사이 대문이 열린 채 네 살 된 막내가 안 보였다. 위아랫집 대문을 두드리고 골목골목을 돌아봐도 다른 아이들은 있는데 우리 아이를 보았다는 사람은 없었다. 그 애닳던 한나절을 어떤 고통에 비유할까. 조바심으로 하는 미아 신고 받은 파출소 직원은 느긋하기만 했다. 그저 조금 기다리면 올 텐데 호들갑이라는 말투에 일던 분노가 울음으로 변해도 그 직원의 건조한 말투는 변하지 않았다.
  싱싱한 각종 식자재를 싣고 다니는 차량은 넓지 않은 도로에 오래 머물지 않아 왔다는 소리가 나면 금방 나가야 만날 수 있었다. 그날도 행여 놓칠까 부랴부랴 서둘러 나갔다 온 시간 불과 몇 분이었으니 그 안에 네 살짜리가 갈 만한 곳은 뻔했다. 앞집, 그 앞집, 아니 멀리 간다고 해도 조금 도는 골목의 미영이네 집일 게다. 그러나 없었다. 집 가까운 어디에도 없었다.

금방 모두 구조되어 한동안 풍부한 이야깃거리가 될 줄로 알았다. 처음엔 그랬다.
예서제서 경쟁이라도 하듯 피어나는 꽃 따라, 이야기 따라 멀고 가까운 곳 나들이하기 좋은 날들. 그중 뭍에서 생각하는 제주도는 얼마나 멋진 곳인가. 더구나 교복을 벗고 부모의 간섭을 벗어난 홀가분함으로 밤배를 타고 떠나는 현장학습이란 생각만으로도 설레지 않는가. 그 설렘과 기대 속에 승선한 배에서 삶을 끝맺으리라 누가 알았으며 어느 누가 상상이나 했으랴. 못다 핀 꽃 한 송이가 아니다. 이제 막 봉오리 맺혀 키우는 이, 보는 이, 지켜보는 커다란 꽃밭 하나 통째로 뭉개져 버린 것이다. 뭉개진 꽃밭 한쪽에서 그래도 행여 살아나 기적의 꽃 피우지 않을까. 기대와 바람의 기도 손 모아 빌면 정말 어떤 기적이 일어나지 않을까.

횡단보도 건너 신호등 옆에 우리 아이가 서 있었다. 아침에 없어졌던 아이가 점심때가 한참 지나 저기 저렇게 서 있는데 일각이 여삼추라는 말이 실감될 만큼 신호등의 빨간불은 오래도 켜져 있었다.

놀러 온 두 살 위 옆집 아이와 나를 찾아 나선 것이 어른 걸음으로 2~30분 거리의 대형시장까지 가게 되었던 모양이다. 시장의 갖가지 풍경에 넋을 잃어 배고픔도 잊고 둘이 잡고 있던 손도 놓친 걸 안 것은 한참 뒤였겠지. 땀과 눈물로 얼룩진 얼굴은 꼭 길가 버려진 아이 같은데 저는 울지 않았다고 했다. 시금치도 보고 소쿠리도 보고 강아지도 보고 빵 할머니가 빵도 주어서 기분이 좋았다고 했다. 가끔 데리고 다녔던 시장이라 길을 잃거나 친구를 잃었다는 생각도 없이 집을 찾아오는 길이었던 모양이다. 껴안고 퍽퍽 울어대는 나를 따라서 그때야 엉엉 울던 아이, 한나절의 해프닝이었던 그 기억도 생각하면 아직도 이렇게 가슴이 찡한데.

  희생자 가족, 실종자 가족을 위한 기도밖에는 해 줄 게 없는 가슴 아픈 하루가 오늘도 저문다.

이제는 노을이다

 좌석은 넉넉했다. 내리기 쉬운 앞쪽으로 두 자리를 차지해서 짐과 몸을 풀었다. 앞으로 3~40분은 오롯이 평화로울 내 시간이다. 명치를 누르는, 축제 행사를 위해 입은 생활 한복 치마 말 지퍼까지 내린 채 의자를 반쯤 뒤로 뉘었다. 평일 저녁 어중간한 시간대의 직행버스에서의 시간은 때로 이런 자유를 누릴 수 있어서 반복되는 일상에서의 짧지만, 축복의 시간이다. 그때였다. 갑자기 제일 앞에 앉은 취객의 고성 막말이 고막을 울렸다. 운전기사를 향해 입에 담기 힘든 욕설에서 난동으로 이어지기 직전 신고받은 경찰이 오고 승객들은 다른 버스로 옮겨 타야 했다. 비슷한 버스, 비슷한 자리에 앉았지만 좀전의 느긋함은 사라지고 기다리고 있었다는 듯 둘둘 말아 쑤셔 넣었던 기억들이 꾸역꾸역 밀고 나와 미간을 좁히며 눈을 감았다.

목적지까지 4시간이 걸리는 고속버스 안이었다. 신혼인 나와 남편이 나란히 자리하고 친정 언니와 그녀가 몇 자리 건너 함께했다. 정말 가고 싶지 않지만, 가야만 하는 곳으로 얼마나 달릴 때였을까. 그녀의 웅얼웅얼하던 소리는 고성으로 변하고 밑도 끝도 없는 그 소리는 나와 남편을 향했다. 졸지에 불륜 남녀가 되어 뭇시선을 받는 나와 남편은 그저 침묵하고 격해진 그녀의 감정을 달래거나 말리는 것은 언니 몫이었다. 기사가 엄포로 제지를 하다못해 강제 하차를 들먹일 무렵에야 잠이 들었는지 조용해졌다.

말리고 비웃는 이도 있었지만 서른두 살 노처녀는 용감했다. 선본 지 한 달 반 만에 서둘러 결혼했다. 고생이나 시련은 까짓것 참고 헤쳐 나가면 된다고 생각했다. 무식하면 용감하다고 했던가. 변변한 건 아무것도 없었으니 내놓을 것 없으면서도 당당한 것은 오직 무지라고밖에 할 수 없었다. 결혼과 동시에 얻은 두 아이의 엄마 자리도 별것 아니라고 생각했으니까.

결혼을 쉽게 결정했듯 무지를 깨닫는 데도 오랜 시간이 걸리지 않았다. 잠자리부터 문제였다. 엄마 정이 그리운 네 살과 일곱 살 남매는 내 품을 원했다. 주말부부로 남는 옆자리를 아이들과 함께했으면 하는 시부모님 눈치와 해가 지면 아쉬운 눈길을 접으며 큰방 할머니 곁으로 향하는 아이들을 난 애써 외면했다. 오롯한 정과 뚜렷한 의무의 저울추는 정지하지 못

하고 항상 이성과 본능 사이에서 흔들리며 방황하는 것이 아이들하고의 문제만은 아니었다.

  드라마에서나 보던 이야기가 내 이야기가 되고 그 속에 그이와 나, 그리고 그녀가 있었다. 결혼한 지 6개월쯤 되었을 때다. 조리기구와 옷가지가 뒤섞인 커다란 가방을 대문 앞에 부린 그녀는 그이를 만나기 전에는 자리를 뜨지 않겠다고 막무가내였다. 우려하던 일이 현실이 된 것일까? 말끔하게 정리했다고 큰오빠 앞에서 누누이 말했던 그이 말은 서류상으로만이었을까. 수습하기 힘든 혼란이 시작되었다. 그녀는 그이 회사 정문으로까지 자리를 옮겨 난처한 상황을 이어갔다. 간신히 달래서 보냈다며 착잡한 표정으로 귀가한 그이를 위로할 것인지, 망연자실한 내가 위로받아야 할 것인지 답은 없었다. 보내면 되돌아와 그 자리를 지키며 새 인연에 분노하는, 끝난 인연의 집착을 무슨 수로 막을 것인가. 청산한 과거와 시작된 현재가 물리적인 정리만으로 가능하지 않은 것이 답답하기만 했다. 상처는 같이 받고 치유는 각자 해야 하는 어수선함에 막 시작하던 입덧이 달아나 그나마 다행이었다고 할까.

  집안의 심한 반대를 무릅쓰고 한 그이의 첫 결혼은 돌도 되기 전의 둘째를 부모님께 맡겨야 할 정도로 심각했다. 그래도 큰애가 여섯 살이 되도록 이어온 것은 정 때문이었을까(?), 우유부단한 성격 탓이었을까? 결과적으로는 아무에게도 도움이 되지 못했지만, 그 속에 끼인 나를 나는 운명으로 생각하고 그녀는 재회를 약속한 이별 사이에 뛰어든 방해꾼이라고 했다. 나만 빠지면 모든 게 원상태로 돌아갈 수 있다며 당장 빠지라는 억지를 부리는 날이 계속되었다. 유전적인 결함을 가진 그녀와의 대화나 그 사람을 닦달하고 원망해봤자 결론은 나지 않고 어떡하든 악몽 같은 나날에서 벗어나야 했다. 마지막으로 그녀 친정어머니를 찾아가 사정해보자는 생각으로 나선 길이었다. 멀고 먼 길 버스 안 풍경은 그렇게 남의 시선 끌기 알맞았다.

면접관 입장에서 바라본 꾸미지 않은 차림새와 조용한 말씨, 준비된 직업관은 그녀를 아는 사람이 넌지시 건넸던 이야기와 전혀 달라서 혼란스러웠다고 할까? 선입견을 훌훌 털게 했다. 젊은이가 들어와 사무실 분위기를 바꾸어 보는 것도 좋지만 저런 사람이 들어와도 괜찮겠다는 생각이 들었다. 그렇게, 하는 일은 다르지만, 그녀와 사무실 동료가 된 지 며칠 안 지나서였다.

"숨을 데, 어디 숨을 곳 좀 알아봐 주세요." 전문직업인 남편과 네 자녀를 둔 귀촌 8년 차인 다복한 여인이 부부싸움 뒤 그냥 해보는 소리로 들었는데, 아니었다. 보이는 모습과 달리 평탄한 삶이 아닌 속내를 줄줄이 쏟아냈다. 그러나 사랑은 봄바람같이 따사롭거나 잔잔한 물결같이 고요한 것만도 아니게 폭풍처럼 몰아치고 해일처럼 밀려오기도 하는 것, 내외 온도

차로 실내에서 뿌옇게 흐려지는 안경알 같을 때도 있지 않은가. 일렁이는가 싶으면 어느새 출렁거려 정신이 아득해지기도 하고 흐려진 시야로 앞을 볼 수 없어 답답한 때인들 오죽 많은가. 그럴 때마다 이는 후회와 회한을 자존심으로 눌러왔겠지.

이젠 털어야겠다고 담담하게 뱉는 말은 그러나 순간의 진심일 뿐이리라. 인연을 털어내거나 끊는 것이 어디 말처럼 쉽다던가. 최근 남편이 사무실에서 입고 있던 전처가 선물한 스웨터에 화가 나서 못 견디겠다는 말에 깊이 공감한다. 스웨터만의 문제는 아닐 것이다. 맺고 끊는 것을 제대로 못 하는 것이 참을 수 없었으리라. 경험으로 짐작하며 고개를 끄덕일 뿐, 숨을 곳을 마련해 주지도 줄 수도 없이 예전에 많이도 꾸었던 깜깜한 터널 속에서 헤매는 꿈을 몇 번이나 꾸었다.

도착한 그녀 친정에서의 하룻밤은 우스꽝스럽다고 해야 할까. 그녀와 한방에서 해야 할 말은 언니와 그녀 엄마 몫이 되고 하고 싶은 말은 악을 쓰다가 웃다가 중얼대는 그녀 몫이었다. 난 그저 멍하니 아랫입술을 질근질근 씹는 것이 다였다. 그러다 잠깐 눈을 붙였다 뜬 새벽녘 그녀는 없었다. 내 구두와 함께. 손가락 두 마디 가까이나 작을 내 구두를 어찌 신고 나갔을까. 늘 있는 일인 듯 크게 걱정하지 않는 그녀 어머니를 뒤로한 채 어떻게 해볼 수도 없이 돌아온 지 40여 년이다.

소식 없는 그녀가 때로 궁금하고 그 사람 마음이 의심스러울 때도 있지만 부질없다는 생각으로 애써 잊은 척, 아무렇지 않은 척하고 산다.

  일행과 무박 2일 소백산 야생화 탐사를 가는 도중 삼척항 언덕에서 일출과 위도蝟島여행에서 일몰을 기다린 적이 있다. 소백산에는 야생화가 한창이었지만, 일출을 기다리던 삼척 바닷바람은 머리부터 발끝까지 중무장한 옷 속을 파고들었다. 벌벌 떨다가 여럿이 밀착한 온기에 깜빡 졸기도 하며 얼마를 기다렸을까. 거무스레한 바다 끝이 불그레해지는가 싶어 드디어 생애 처음 일출을 보는가 싶어 시선을 고정했으나 명도明度만 수십 번 바꿀 뿐, 쉽게 모습을 드러내지 않았다. 지루해서 잠깐 묻었던 고개를 주위 환호성에 들어보니 어? 어느 사이 해는 바닷물과 한참이나 떨어진 위치에서 대단한 크기가 아닌 주황색의 그저 둥근 모습으로 떠 있었다. 검은 바다를 가르며 거대한 모습으로 붉게 떠오르는 태양의 장관壯觀은 상상으로 끝나버렸다. 그 후 바닷가에서 일출을 볼 수 있는 기회가 몇 번 더 있었지만, 새벽잠을 밀어내는 억지를 쓰지 않았다. 일몰도 마찬가지였다. 육지와 다른 위도의 갖가지 풍경에 취하는 속에 일몰을 기다리는 초조와 기대도 일출 때와 별다르지 않았다. 천지창조를 떠올릴 만큼 웅장한 문양과 색상의 구름이 펼쳐졌다 사라지기를 반복하는 바다 끝을 눈 돌리지 않고 지켰지만 상상한 고운 노을 속 일몰 또한 기대와 설렘으로 끝났다.

사라진 흔적도 없이 바다와 하늘은 검은빛으로 구분이 어려워지고 말았다. 그래도 해는 끊임없이 뜨고 지며 세월을 밀고 나른다.

내 삶도 그랬다. 부푼 기대와 들뜬 희망으로 날을 지새운 때도 있었지만 일출의 순간을 보지 못한 아쉬움같이 젊음은 허망하게 지나버렸다. 태양이 생명체에게 필요한 에너지를 주고 생활할 수 있는 근본을 마련해 주는 것같이 내 몸 돌볼 새 없이 남편과 아이들을 챙기며 숨가쁘게 달려온 중년도 어느새 넘어갔다. 이젠 일몰을 기다리는 노년이다.

큰 질병은 없지만 불편할 정도의 여기저기 통증에 가끔 병원을 찾는다. 의사들은 비슷하게 말한다. "나이 든 탓이니 달래라." 수긍은 하면서도 쓸쓸한 마음을, 적당한 구름이 있어야 노을이 아름답고 그 노을이 아름다운 것은 한낮의 작열하는 빛의 파장 때문이라는 말을 떠올린다. 젊은 내 삶이 작열하듯 치열하진 않았어도 노을 같은 노년은 찾아왔다. 노년의 소소한 질병은 노을 속 구름 같은 것 아닐까? 지켜야 할 의무와 져야 할 책임에 소홀하지 않았기에 크게 후회되지 않는 삶 끝의 노년, 이젠 노을이다.

4부

자장면 먹은 뜻은
매실과 아버지
박토
역사와 설화
오래된 집
바늘꽂이와 보톡스
분홍색 연가
붕실이와 장다리
묵은 지와 내 글

자장면 먹은 뜻은

 매일 하던 집 청소를 하루씩 띄우다가 사흘을 넘겼다. 찜찜했지만 별일이 일어나지 않았다. 일주일을 넘겨봐도 세상이 어떻게 되진 않았다. 이렇게 살아도 되는 것을 괜히 사서 고생한 세월은 아니었을까 슬그머니 억울하기까지 했다. 꾀가 났다. 말사면 종 부리고 싶다던가. 아침저녁 하던 밥을 한 번으로 줄여 보았다. 밥맛이야 떨어졌지만, 그것도 괜찮은 시도였다. 기본 영양소에 색상까지 생각하며 조리해서 차려내던 반찬도 쉽고 간단히 할 수 있는 것들로 바꾸어 보았다. 그래도 아무것도 달라지지 않았다. 그런 생활이 벌써 몇 년이나 되었을까. 습관처럼 길들인 집에서의 생활이다.
 세상은 넓고 할 일은 많다던 어느 재벌의 자서전 제목을, 그 의미와는 다르게 입버릇처럼 쓰는 요즘. 오늘도 그랬다. 밖에서 볼 일과, 해야 할 일을 마친 뒤 귀가를 미룬 채, 하고 싶고, 보고 싶은 일로 더 많은 시간을 허비하다 보니 저녁 먹을 시간이 코앞이었다. 밥을 짓기엔 너무 늦고, 식은밥 양은 어중간했다. 방법은 하나다. 남편 눈치를 슬슬 보며 화장대 앞에 앉아 짐짓 애교스러운 표정과 슬픈 표정을 바꾸어 보다가 고개를 젓다가 불쌍해 보이는 표정까지 지어보았다. 이것도 아니다. "왜 이렇게 얼굴이 부었지? 저녁에 이러면 안 좋은데." 하며 아주 심각한 표정을 짓자 걱정이 가득해지는 사람을 향해 "자장면을 먹어야만, 될 것 같아." 하고는 얼른 고개를 돌리며 혀를 쏙 내밀었다.

먹을 만큼 먹은 나이에, 세상도 사회도 알 만큼은 아는 사람끼리 새순들 막 돋기 시작하는 초봄에 맞선을 보았다. 두 번째 선이라는 그 사람은 그저 담담한 모습이었다. 흰 장갑이 회색이 되도록 손바닥에 땀을 낼 만큼 긴장했던 첫선을 시작으로 이젠 이골이 날 만한 나의 긴장만 여전했다. 중매쟁이한테 이미 들은 이야기부터 이어지는 여러 이야기를 듣는 동안 때가 되었다. 우족탕과 갈비탕 중 어느 것을 먹겠느냐고 묻는 사람, 맞선 본 사람과 탕(湯)이라니 하도 어이가 없어 긴장감도 사라져 "전 자장면을 좋아합니다." 큰 소리로 말했다. 그러자 두리번두리번 앞서서 가까운 중국집으로 성큼 들어가는 사람. 손님 중 정장 차림은 우리뿐이었다. 입가에 까맣게 묻히기까지 하면서 맛있게도 먹는 사람을 난 먹는 시늉만 하며 가만히 바라보았다. 그 모습이 들어올 때의 기분과 달리 기막히거나 웃기지 않고 짠한 가슴이 되었던 것은 인연 맺을 운명의 시작이었을까.

    채식주의자에 가까운 그 사람은 아마 그런 탕들을 최고의 보양식으로 알았던지 영양 보충될 것을 먹이고 싶었는데 자장면마저 조금밖에 못 먹는 사람이 걱정된다는 편지가 왔다. 유난히 작고 볼품없는 여자와 비슷한 감정이 그 사람에게도 있었나 보다. 맺어질 수밖에 없는 운명으로 여기며 선본 한 달 반 후 오월의 신부가 되었다. 기쁨과 보람 사이 고통과 실망의 날이 겹쳐도 항상 그때의 그 마음인 사람이 고마운 날들이 흘러 막내가 아빠 키에 한 뼘쯤을 더하는 대학생이 되는 세월이 흘렀다. 이제 뻔뻔해질 대로 뻔뻔해져 편한 자세로 자장면을 먹는 마누라를 가만히 쳐다보는 사람 보기가 민망해서 한마디 했다.

    "아유! 맛있다. 이렇게 자장면을 먹는 것은 그때 선본 날 못 먹은 것 대신하는 거예요. 잘 먹어야 당신 마음이 기쁘지 않겠수? 내일은 우리 결혼기념일, 난 당신을 기쁘게 해주고 싶어."

매실과 아버지

매화원 바닥에 매실이 수북이 떨어져 있다. 쓸 데도 없는 그것을 한줌 주워 서원 한 바퀴를 다 돌 때까지 쥐고 다녔더니 모양새는 그대로인데 푸릇푸릇 멍이 든 채 비릿하고 시큼한 향이 손바닥에 배었다. 아버지, 아버지 생각이 났다.

아버지는 이렇게 떨어진 매실을 모아 오매烏梅로 만드셨다. 어린 시절. 쪄서 껍질을 벗기고 짚을 태운 재에 버무리면 까맣게 변하는 것이 신기하고 재밌어 보여서 몰래 슬쩍슬쩍 만져보았다. 물렁물렁했던 것이 꾸들꾸들해지고 어느샌가 쪼글쪼글 딱딱해진 것을 오매라고 하는 것을, 어느 날 한약 재료상이 왔던 때에야 알았다. "오매가 어디 있느냐."며 찾으시는 아버지께 뒷마루에서 포대에 담긴 것을 들고 나온 어머니가 "예 있소." 할 때 '어? 왜 저것을 오매라고 하지? 내 친구들은 엄마

를 그렇게 부르고 있는데?' 그때 묻지 못한 그 궁금증은 한자漢
字를 조금 익히면서야 풀렸다.

 학문과 덕행의 위상을 떠나 마지막 유언까지 "매화에 물 주
라." 할 만큼 매화 사랑이 지극했다는 퇴계 선생의 생애를 들여
다볼 수 있는 곳, 도산서원을 찾은 초여름의 길목이다. 입구에
서부터 잘 정돈된 갖가지 나무들이 푸르게, 푸르게 외치며 잎
과 줄기를 불리고 있다. 전교당 오르는 매화나무 사이에 피어
나 절정을 이루는 빨갛거나 검붉은, 희거나 발그레한 모란도
눈길을 끈다. 퇴계 선생 생전에도 매화 곁에 모란을 두었을까?

 개인적으로 찾기는 쉽지 않은 전주에서 안동까지의 발걸음
을 여러 단체에 발 들여놓은 덕에 네 번째 하는 길이다. 익숙한
풍경이면서도 매번 새로운 모습으로 다가오는 도산서원에서
오늘은 매실 향을 실컷 맡으며 아버지를 생각한다.

 크게 혼이 나거나 매를 맞은 적도 없고 특별히 살가운 추억
도 없지만, 아버지는 내게 단단한 울이었고 탄탄한 버팀목이었
다. 놀랐을 때 대부분 지르는 소리 '아이고 어머니'를 난 '아이
고 아버지'라고 할 만큼 아버지는 마음속 지주이기도 하다.

 퇴계 선생과 두향의 잘 알려진 일화를 안내자에게서 듣는
다. 언제 들어도 가슴 저릿한 사랑이다. 두 번의 상처喪妻와
자식을 잃은 허한 중년의 마음에 꽃 같은 나이의 시와 서화에
능한 기녀의 진실한 사랑이 통하지 않을 리 있으랴. 짧은 만남
긴 이별 속에 애틋함은 더해져 그녀가 좋아한 매화에 집착했으

리라는 말에 고개가 끄덕여진다. 많은 독서와 저술과 후학양성을 할 수 있던 것 또한 그런 원인이지 않을까. 시대나 상황 등 비교할 수 없는 관계지만, 오늘만은 우리 아버지를 퇴계 선생과 같은 선상에 놓고 생각해 본다.

갑오경장 다음 해에 태어나신 아버지는 조혼으로 딸 하나를 둔 뒤에 신학문을 접하셨다. 철저한 유학자(儒學者)이신 아버지 밑에서 학문을 익히다가 반대를 무릅쓰고 땋았던 머리카락을 자른 뒤 160리 밖 농업학교를 졸업하셨다. 집을 오갈 때면 그 먼 길을 항상 걸어서 다니면서도 한 번의 결석도 없이 성적 또한 상위권이었음을 학교 생활기록부가 말해 주었다. 그런 학교생활의 이모저모를 꼼꼼하게 기록해서 남긴 '학습 일기'에는 신학문을 접하는 설렘과 감동, 희망이 고스란히 담겨 있어 아버지의 젊은 날을 엿보게 한다.

그 후 교직 생활을 오래 하신 아버지의 삶은 시대 상황을 떠나서도 그리 평탄하지 않았다. 전처를 잃고 재혼한 아내마저 병약한 데다 열셋이나 되는 자녀는 반밖에 거두지 못했는데 그중 배우자를 먼저 보내는 자녀까지 보아야 했다. 감정을 겉으로 드러내지 않는 아버지는 가슴속 회오리를 나무를 심고 꽃을 가꾸며 달래셨는지 쉰일곱 되신 해에 아버지의 막내로 내가 태어난 너른 집 주위는 온통 과수와 정원수가 둘러싸고 있었다. 그 외에 새로 나온 곡물이나 채소 파종에도 심혈을 기울이며 남들이 거들떠보지 않는 산에 심었다던 천여 그루

밤나무, 자두나무는 흔적도 없어진 채 우리 집 생활 수단이던 집 뒤 돌산의 감나무만 아직도 남아있다.

돌아가실 때까지 책과 펜을 손에서 놓지 않으면서도 집 안팎 오밀조밀 가꾸는 것 또한 여전하셨다. 긴 돌담 위에 흙을 얹은 후 심은 채송화는 여름 한 철 장관을 이루어 지나는 이들의 감탄을 자아냈고, 계속 심고 가꾸는 과일나무는 사철 간식거리로 부족함을 모르게 했다. 그러나 정작 전답은 적어서 실지 생활은 여유롭지 못했다. 아버지는 그렇게 철저한 생활인이기보다 이상주의자라 할까. 여든넷, 돌아가시기 전 마지막 입으셨던 겉옷 주머니 속에는 퇴계 선생이 그려진 지폐 석 장, 작은 책장에는 책과 노트 외에 몇 개의 안경과 안약이 전부였다.

기억에도 없는 어린 날, 흔들리는 나뭇잎을 보고 "나뭇잎이 춤을 춘다." 했다는 내 한마디에 크면 글 쓰는 사람이 되겠다고 하셨다는 아버지다. 부자가 되겠다는 말을 해주셨으면 지금쯤 부를 누리며 살고 있을까? 언니 오빠들이 전해준 그 말이 씨가 되었는지 내 삶의 일부가 되어 있는 지금, 기억에 없는 아버지와 나의 대화가 고향 집 매화나무 아래였을지도 모른다는 생각은 버리려던 매실을 더 꼭 쥐게 한다.

박토의 고추

설마설마했는데 기어코 올망졸망 식구를 거느리고 보란듯이 서 있다. 오뉴월 불볕더위는 깊다면 깊은 이곳 산골까지 찾아왔다. 관광객들은 즐거운 표정 속에 강한 볕을 여러 도구로 가리고 피하지만, 박토에 심겨진 고추는 꿈쩍 않고 그 볕을 온몸으로 받아들인다. 그 덕에 가지마다 열린 열매들이 실하다.

두어 달 전쯤 손바닥 길이보다 조금 긴 고추 모 일곱 포기를 동료가 가져온 호미로 정성을 다해 심기는 했으나 수돗가 옆 빈터는 거름기 하나 없이 자갈만 흩어진 말 그대로 쓸모없는 박토였다. 근방에 사는 동료들은 비료와 퇴비를 갖다가 뿌리고 나는 이따금 조금 굵은 나무 막대기로 북을 하듯 돋워줬다. 그러나 더디게 자라는 모습이 성에 차지 않아 시들해하기도 했다. 그러거나 말거나 시원찮은 가지가 잔가지를 늘리더니 손톱만 한 하얀 꽃을 피우기 시작했다. 쓰러질 것 같은 가지에도 제법 살이 오르며 꽃 진 자리에 꽃보다 작은 열매를 수없이 맺고 있었다. 출근한 직원마다 신기해서 그 옆으로 달려가 눈맞춤을 했다. 아이들은 주는 만큼, 받는 만큼 자란다고 했는데 그런 아이들과 다를 게 없다. 하루가 다르게 위로 옆으로 맺힌 열매들은 이제는 셀 수가 없을 정도다. 부쩍 자란 고추는 점심때면 몇 개씩 따서 된장에 찍어 먹으며 매워서 호호대기도 하고 싱겁다고 투정을 부리기도 한다. 별로 해준 것도 없이 쑥쑥 크는 모습이 대견하기도 하고 안쓰럽기까지 하다. 이제는 그만 따먹고 붉게 익히자는 말도 하지만, 어느새 또 누군가가 따온 싱싱한 고추가 식탁에 올려있다. 조금 미안한 마음을 아는지 모르는지 여전히 벌·나비를 불러 꽃을 피우고 지우며 키까지 훌쩍 키운 고추는 그렇게 매일매일 따 먹어도 어느새 또 빼곡하게 자리를 잡으며 일손을 놓지 않는다. 누구를 위한 헌신일까. 그저 태어났으니 그 자리에서 할 일을 다하는 타고난 운명일까?

　얼마 전 읽은 글과 함께 그분을 떠올린다. 정말 이 고추보다 더한 박토에서 돌보는 이 없이 나고 자란 그분은 나로서는 상상할 수도 없는 크고 작은 시련과 아픔을 의지와 노력만으로 견디고 이겨 기어이 옥토를 만들어 자랑스레 펼쳐 보였다. 비바람에 노출된 온몸은 쓰러질 듯 흔들리고 넘어질지언정 결코 쓰러지거나 매몰되지 않고 버티며 산 세월을 담담히 엮어놓은 문장은 숭고해 보이기까지 했다. 이제 모든 것이 여유로워진 지금은 조금쯤 게을러지거나 거만과 교만을 슬쩍슬쩍 엿보일 만도 한데 여전히 분에 넘치는 욕심을 멀리하며 검소한 생활에 자족의 겸손함이 돋보였다. 쉴 줄 모르는 열정과 식을 줄 모르는 도전 정신은 살기 위한 몸부림이 아니라 즐기려는 마음가짐이라 안타깝지 않아 좋다.

  오늘 점심에도 풋풋한 고추가 올려졌다. 워낙 자주 따다 보니 단단해질 기회를 잃어 매운맛이 덜하지만, 무공해라는 이름표를 달고 여러 사람의 입맛을 훔치는 고추의 매력에 모두 흠뻑 빠져있다.

  박토의 고추가 제 몫을 톡톡히 하듯, 그 어려운 환경을 평정하고 우뚝 선 그분 모습이 겹친다. 저 건강한 고추가 햇볕과 바람 속에서 더 오래 견디며 열리고 익어가기를, 고추보다 더 맵고 강한 그분의 주어진 삶이 오래오래 이어지기를 바라는 마음에 내 미소가 소리 없이 번진다.

역사와 설화

글로 전하는 역사와 말로 전해지는 설화. 역사를 챙기면 설화가 울고 설화를 다독이면 역사가 분노한다. 이도 저도 어려운 숙제의 부담을 가득 안고 닷새 동안 이어진 강행군은 끝이 났다. 모 방송의 드라마 〈정도전〉으로 다시 부각되는 조선 태조 이성계에 관한 역사와 설화를 중심으로 이론과 현장학습을 겸한 교육이었다. 그에 연계된 전북지역 해설사들이 받은 하루 9시간의 강의나 10시간의 현장학습은 또 다른 시작에 불과했다.

강한 카리스마와 함께 절제할 줄 아는 여유, 기다릴 줄 아는 느긋함과 민첩하게 해치우는 단호함 등 한마디로 정의할 수 없는 성격. 고래 싸움에 새우 등 터진다고 중국 원나라와 명나라의 끊임없는 갈등에 같이 휘둘리고, 엎친 데 덮친다고 들끓는 왜구에 골머리를 앓던 고려 말의 정세. 오랫동안 왕권을 노리며 준비를 한 야심가, 시류에 따라 자연스레 왕권을 쥘 수밖에 없었던 팔자소관(?)의 왕, 조선 태조 이성계. 강사마다 다른 의견과 다른 주관의 강의에 뚜렷한 식견도 주관도 없는 난 그저 흔들리며 혼란에 혼란을 겪을밖에. 다양한 대중매체가 전하는 갖가지 이야기가 역사와 설화의 확실한 구분을 모호하게 만드는 것이 유난스러운 이때 받게 된 강의라 더한지 모르겠다. 듣고 배운 또 다른 이 많은 이야기를 현장에서 어떻게 풀어낸단 말인가. 수강자 대부분의 공통된 문제이고 고민이기에 "흔들리지 않고 피는 꽃이 어디 있으랴."라는 시인의 시구로 혼란스러운 서로의 마음을 달래기도 했지만, 그것도 잠시 죄지은 것 같이 무거운 마음 내려놓기가 참 힘들다.

　사학자는 사실 위에 군더더기로 입혀진 이야기는 사정없이 걷어내라고 했다. 설화 전문가는 무한하게 엮어낼 수 있는 이야기는 많을수록 좋다고 했다. 떼어내고 긁어내고 그 후에 남는 것은 무엇일까. 빈 그릇만 남아서 소리만 요란하지는 않을까. 부풀리고 포장한 역사의 언저리 이야기는 후세에 어떤 영향을 미칠까. 기록된 역사라고 다 바르고 떠도는 설화라고 다 거짓일 수는 없지만 믿을 수밖에 없는 것이 기록이고 흘려들을 수밖에 없는 것이 설화다. 한 발 두 발 걸으며 발자국을 내는 것이 역사라면 바람 따라 흔적 없이 떠도는 것이 설화다. 역사는 아는 자가 기록해서 이어왔지만, 설화는 알게 모르게 듣고

퍼트려 또 다른 이를 통해 돌고 돌며 이어오는 것이기에 다를 수는 있어도 틀릴 일은 없다. 이 둘을 어떻게 다독이고 버무려 바르게 전달할 수 있을까. 십 년을 넘게 같은 장소에서 같은 이야기를 그럴싸하게 되풀이하면서도 항상 들던 의문과 생각들에 복잡함만 덧씌워진 것 같기도 하다.

근래에 일어난 나라 안 사건 사고들을 생각하지 않을 수 없다. 다양한 방송들이 앞다투어 전하는 소식에 안심하고 기대도 걸어보며 잠든 저녁이다가도 아침이 되면 다시 뒤집힌 소식에 분노하는 날들 아닌가. 이런 세상에서, 이런 사실에서 백 년, 많게는 천년도 넘는 세월 저편의 이야기를 어찌 다 옳다고 믿으며 다 맞는다고 고개 끄덕일 수 있겠는가. 죽은 자는 말이 없고 흐른 세월 또한 시치미 뚝 떼고 있는 것을.

기록은 한정되고 풀이는 다양하고 곁들인 이야기는 끝이 없다. 역사적인 사실인 이성계의 황산대첩 진군로와 회군로 곳곳에 펼쳐진 많고 많은 이야기는 기록의 역사를 뛰어넘는다. 진군로에는 대승을 거둘 만한 계시와 징조가 보이는 그럴싸하면서도 황당한 이야기가 펼쳐지고 회군로에는 왕권을 향한 교두보 역할의 지명 이야기와 왕이 될 수밖에 없는 당위성과 정당성이 기록을 바탕으로 깔려 있다. 왕조가 하루아침에 바뀔 수 있는 일인가. 시대적인 배경과 흐름의 소용돌이 속에서 빠져나와야만 한다는 절실함에 탈출구가 보인다면 매달리리라. 설사 그 탈출구가 유토피아로 통하지 않는다는 것을 안다 해도 답답한 현실에서 벗어나고 싶은 바람은 본능일 수 있다. 그 본능에 충실한 사람들과 그것을 견디며 죽음을 택하는 사람 또한 또 다른 바람은 있을 것이다. 다 같이 걷는 길이라고 생각까지 같을 수는 없으리라. 여러 역사는 이렇게 시작되고 씌어져서 전해지고 익히며 또 다른 역사를 창조하는 것. 기록되지 않은 더 많은 이야기는 역사를 따라 슬금슬금 걷다가 답답해서 달리다가 다시 훨훨 날고 있는 것이리라.

지금은 유언비어라고 일축해버리는 이야기들도 먼 훗날 역사를 바탕으로 한 설화로 더 많이 퍼져 있을 게 분명하다. 그때는 역사와 설화가 서로 어깨동무하며 서로의 이야기기에 고개를 끄덕일지도 모르겠다.

오래된 집

 수리할 때 보인 상량문에 1934년 7월 13일이라고 쓰여 있었다. 우리 나이로 치면 일흔셋, 만고풍상을 겪었다는 말을 써도 괜찮으리라. 광복의 환희와 6·25의 참담함, 격변하는 갖가지 세상사에도 변함없이 가족의 쉼터로서 직분을 다해온 오래된 집. 잘 구워낸 까만 기와의 추녀는 날렵하게 하늘로 솟고, 반듯한 기둥은 그 지붕을 이고 있었겠지. 신부 분단장하듯 하얀 양회로 곱게 치장한 회벽, 고르게 놓인 마루는 온방을 아울렀으리라. 줄줄이 태어난 부모님의 여덟 남매의 울고 웃는 소리가 곳곳에 배어 있는 곳에 내 아이들의 소리까지 겹쳐 더욱 절절한 곳. 신혼 초나 지금이나 내 방은 집 왼쪽 끝에 있다. 부엌을 갈 때면 우리는 꼭 팔짱을 끼고 걷다가 모퉁이에 걸린 작은 거울 앞에서 입을 막고는 킥킥댔다. 주중 내내 떨어져 있던 남편이 오는 날이면 멀리 있는 부엌이 오히려 좋았다. 밥상을 들고 집 반 바퀴를 돌면서도 귀찮다는 생각은 그래서 들지 않았다. 주방 건너 뒷방에 놓인 냉장고 때문에 새벽에 시어머님을 깨워 그 문을 열게 하는 것이 죄송스러웠을 따름이다. 오래된 집은 그렇게 불편하면서도 쉽게 떠나거나 고칠 수도 없이 나이를 먹는다.

철 따라 꽃 피고 열매 맺는 갖가지 나무로 둘러싸인 친정집을 남들은 부러워했지만, 난 반질반질한 마루의 엿장수네 작은 판잣집이 부러웠다. 나이를 먹어도 꿈속의 철부지 노처녀에게 시집갈 집이 크다는 중매쟁이의 말은 아무런 의미도 없었다. 오히려 실망이었다. 그 실망이 더 큰 실망이 되리라는 생각도 당연히 못 했다. 첫인사로 들른 예비 시댁은 노시부모보다 더 노쇠하게 낡고 낮아 4월의 훈풍도 비껴가는 듯했다. 쓰지 않는 깊은 우물 옆 앵두나무의 하얀 꽃이 집을 더 적막하게 한다는 생각이 들었다. 잠깐만 살리라던 그 조용하고 적막하던 집에서 우리가 그 집을 닮아 가리라고 생각이나 했던가.

"이 집은 뭐하는 집이에요? 사람이 살고 있나요?"

"글세······." 안내자의 흐릿한 대답이 들린다. 신시가지 아파트촌의 초등학생들이겠지. 저들의 궁금증을 대문 열고 풀어줄까? 욕실 타일을 밀던 솔 자루를 옆으로 세우다가 다시 힘을 주어 벅벅 민다.

전통 한옥 지구 한지원韓紙院 앞에 천막을 두른 집은 이렇게 아이들 호기심 대상이 된 지 오래다. 헤싱헤싱해지는 머리숱에서 나이를 먼저 느끼듯, 한옥의 나이도 지붕에서 먼저 헤아려지는 것 같다. 잘 맞춘 이음새가 골골이 이어진 기와 지붕은 촘촘히 누빈 누비옷을 연상하지만, 해의 거듭함에 누비옷 해지듯 조금씩 어긋나기 시작한다. 어긋나 새는 빗물로 천장은 얼룩지는데 새는 곳은 도무지 찾을 수가 없어 귀신도 모른다고들 한다. 그 귀신보다 나은 기술자를 찾기도 힘들고 찾아서 주기적으로 손을 보는 일도 쉬운 일은 아니다. 기와를 인 한옥이 온전한 모습을 갖추기 힘든 것이 바로 그 때문이다. 우리 집도 그런 이유로 어울리지 않는 싸구려 가발 같은 천막을 두르고 보니 오래된 집이 아니라 사람이 살고 있는지가 궁금한 이상한 집이 되어버렸다.

이제는 용담호에 묻힌 복동이네 집 뒷방 할머니를 떠올린다. 오두막 같은 그 애 집에는 길가로 문이 난 뒷방에 흰머리를 헝클어뜨린 할머니가 항상 웅크린 채 앉아있었다. 초등학생이었던 우리는 오며 가며 장난삼아 그 방문을 열어젖혔는데 할머니는 미동도 없이 멍하니 바라보다가 "넥!" 한마디만 했다. 그 모습이 산 사람 같지 않아 놀라 도망을 치면서도 우리의 장난은 한동안 계속되었다. 문을 열기 전 우리가 하는 말은 언제나 '살았을까?'였다. '살았을까'를 떠올리고 '살고 있나요'를 되뇌며 아이들의 궁금증과 호기심은 흐르는 세월에도 달라지지 않음이 새삼스럽다. 새삼스럽지 않은 일은 오래되어 궁금하고 호기심 어린 속에서도 숨쉬는 삶은 똑같이 이어지고 있다는 것이리라.

바늘꽂이와 보톡스

 열 쪽의 정사각 헝겊을 잇대는 바늘꽂이 만드는 재미에 푹 빠진 적이 있다. 색색의 자투리 천을 5cm 정도 같은 크기로 잘라 손바느질로 곱게 이어서 솜을 넣고 가운데 앞뒤로 모조 진주를 박아 마무리하는 작업이다. 자르거나 이음도 중요하지만, 모양새에 가장 중요한 역할을 하는 것은 솜을 얼마만큼 넣어 조이느냐에 있다. 너무 많이 넣으면 이음새 부분이 고스란히 나타나 곱지 않고 너무 적게 넣어도 밋밋해서 쓰임새나 장신구 역할을 제대로 못하기 쉽다. 손아귀로 쥘 수 있는 크기지만 처음엔 그 조절을 못 해 어느 것은 공같이 부풀어 금방이라도 둥글어 갈 것 같고 어느 것은 바람 빠진 풀빵 같기도 했다. 촘촘히 박음질한 부분을 뜯어 다시 만들기란 새로 만들기보다 힘들어 팽개치는 것도 많았지만, 자꾸 만들다 보니 요령도 생기고 손에 익어 수없이 만들어 이 사람 저 사람 나눠주는 재미로 밤을 새우기도 했다.

오늘 갑자기 그 생각이 떠올랐다. 변해버린 그녀를 보고 나서다. 분명 그녀가 맞는데 그녀가 아니고 그녀가 아닌데 그녀였다. 눈도 코도 볼도 그녀이면서 그녀가 아닌, 어디론가 떼굴떼굴 굴러갈 것같이 부풀린 얼굴 때문이었다. 하얀 피부에 순하게 생긴 눈과 조용한 말씨는 분명한 그녀의 이미지였다. 세세한 마음씨까지 지녀서 남편과 아이들에게 좋은 영향을 주는 것으로 생각했다. 그런 그녀가 전혀 다른 사람 이미지가 되어 버렸다. 왜 그랬을까. 친구와 어울리다 보니 자연스레 따라 하게 되었다는 말이 들렸다. 무엇이 그녀를 심란하게 했을까. 분명 자리 잡히지 않는 어떤 어수선함이 마음에 깔려 있지 않았을까?

항상 재미있기를 기대하지는 않았지만 그렇다고 항상 우울함은 견딜 수 없는 병이었다. 아침저녁 매일 똑같이 반복되는 일상에서는 죽고 싶은 충동도 남의 일이 아니었다. 바늘꽃이는 갱년기 우울증이 심하던 그 무렵 시작한 전통 침선에서 다루는 소품 중 하나였다. 다른 것보다 손이 많이 갔지만 그만큼 정신이 집중되어 잡념이 가시다 보니 병원 치료보다 효과적인 방법이었다. 난 서서히 심한 우울증에서 헤어나고 그것을 계기로 또 다른 집중 거리를 찾아 지금은 전혀 다른 세상을 살고 있는지도 모르는데 그녀의 나이를 헤아려보니 옛날 내가 바늘꽂이에 몰두하던 나이다. 아이들은 엄마 품을 그리워하지 않는 나이가 되었고 남편은 치열한 생존경쟁에서 승승장구하는 편이다. 그렇다고 남편 출세의 기쁨이 고스란히 아내 것이 되지는 않는다. 아내는 아내대로 몰두하고 성취한 후 맛보는 기쁨이 필요하고 세상에는 하고많은 취미 거리가 있지만 갑작스레 내게 맞는 깃을 고르기란 쉽지 않다.

아름다움을 원하는 것은 본능이고 특히 여자들에게는 떨치기 힘든 유혹이다. 성형과 보석과 화장품의 발달은 다 그런 이유가 아니겠는가. 보석이나 화장품은 떼어 놓거나 지우면 그만이지만 성형은 잘만 하면 영구적이라 그토록 성행하는 것이리라. 말 사면 종 부리고 싶다고 눈까풀 수술이 자연스레 되고 보니 코를 그 눈에 맞추고 싶고, 맞췄는가 싶은데 눈까풀이 얕아 다시 하고 이마주름이 거슬려 보톡스를 놓았더니 양볼이 처져 보이고 턱이 가라앉아 보여 살리다 보니 옛날 모습이 사라진 것일 게다.

색색의 천이 어우러진 앙증맞은 모양새로 반짇고리를 차지하는 바늘꽂이는 꼭 있어야 하는 물건은 아니다. 바늘이야 실패에 꽂을 수도 있고 헝겊에 꽂아 놓을 수도 있다. 만들기도 쉽지만은 않아 누구나 할 수 있다든가 누구에게나 권할 수도 없다. 그러나 만들다 보면 잡념이 없어지고 누군가에게 나눠 주는 기쁨이 있어 어수선한 마음이 들 때면 다시 바늘을 잡고 싶어지기도 한다. 그녀도 아마 나의 이런 마음과 같지 않을까 싶다. 무언가 허전하고 어수선할 때 예쁜 이목구비를 거울에 비춰보며 만족해하고 남 앞에 아름다운 모습을 보일 수 있다는 자랑으로 성형과 보톡스를 맞는 것이.

분홍색 연가 셋

하나.

난 기어이 작년 추석에 입었던 갑사甲紗 분홍색 치마와 연두색 저고리를 입었다.

양지 마당 씨암탉은 고~고 고~고 알 품는 소리를 냈지만, 음지뜸 잔설은 아직도 희끗희끗 남아있는 3월 초였다. 어머니 따라 몇 번 가본, 먼 장터에서도 얼마를 더 가야 한다는 학교는 어떻게 생겼을까. 선생님은 어머니보다 무서울까. 책은 몇 권이나 나눠줄까. 이것저것 궁금한 게 많던 초등학교 입학식 날. 계절에 맞지 않는 옷이라는 언니들 말이나 어머니의 매서운 회초리도, 꼭 그 옷을 입어야 하는 내 고집에는 통하지 않았다. 아직 풀잎 하나 꽃 한 송이 피지 않고 얼음물 곳곳에 고여 있는 시오리十五里 흙탕길을 난 한 마리 분홍 나비가 되어 훨훨 날았다.

둘.

서로가 이상형도 아니었고, 첫눈에 반한 것도 아니었다. 내 피부를 희게 보았다는 사람이나 둥글넓적한 얼굴을 둥글게만 보았던 나나, 눈에 콩깍지를 덮어쓴 공통점이 있을 뿐이었다. 그것은 운명이라는 굴레를 쓰기 위한 좋은 조건으로, 서로에게 꼭 필요한 사람들이라고 인식하는 시간은 길지 않았다. 번갯불에 콩 구워 먹듯 결혼 약속이 되어 한 달 후로 날이 잡혔다.

눈부신 햇살이 차창을 통해 쏟아질 때 살며시 잡는 손을 뿌리치지 않은 채 고개만 차창 밖으로 돌렸다. 그 순간, 잡힌 손을 내밀면 닿을 것 같은 거리에 거세지도 급하지도 않게, 속삭이듯 가만가만 일렁이던 분홍 물결. 아스라한 분홍색 복사꽃 물결에 주체할 수 없던 눈물은 환희였는지 설움이었는지. 그 사람한테 기대어 울고 또 울며 내 집에 처음 인사 가는 날이었다.

셋.

가지 않고 뭉그적대는 겨울이 다시 입은 칙칙한 가을옷 색깔 탓인 듯했다. 그 핑계로 아래위 분홍색 생활 한복을 맞췄다. 바람은 엉뚱하게 이루어지기도 한다. 한복은 명절날의 새옷이 아니라도 솜씨 좋은 언니들 덕에 항상 말끔하게 입던 옷이었다. 양복에 밀려 초등학교 2학년으로 마감한 것이 아쉬움으로 남아 크면, 결혼하면, 한복만 입으리라는 생각을 어떤 때는 잊고, 어떤 때는 지우며 세월이 흘렀다. 그렇게 묻혀버리는가 싶던 바람이 작년여름 생각지도 않게 이루어졌다. 방문객과 차별화 차원에서 소속된 과에서 한복을 두 벌을 맞춰주었다. 여름옷은 태양 아래서도 주눅 들지 않는 붉은 치마 연노랑 저고리였다. 가을옷은 단풍색 저고리와 낙엽색 치마였다.

새로 맞춘 한복은 지나치게 요란하거나 추레하지 않고, 적당한 광택과 촉감이긴 하지만 일상복으로 입는다면 분명 촌스러울 좀 진한 분홍색이다. 그래도 충충한 나뭇가지에 꽃망울 벙긋대지 않는 나무 밑을 걷다 보면 내가 곧 봄인 듯, 꽃인 듯 초등학교 입학식 날로 돌아가 기분이 좋아진다.

상대적 부족함을 모르던 시절의 분홍색은 그냥 화사하고 곱게만 보였다. 중학교 봄 소풍날 바라본, 낮은 담장 너머에서 장독을 닦던 새댁의 분홍치마는 신비함으로 남아있다. 결혼식 날 폐백 때도 붉은 치마 초록 저고리 대신 아래위 분홍색 한복이었다.

느낌에 따라 화려하고 아련하며, 때로는 요염하게도 보이는 분홍색은 진한 그리움이다. 화끈하거나 느긋하지 못한 나를 감싸주는 보호색이기도 하다. 붉은 정열과 하얀 정결을 조화

롭게 버무려 편안함을 주는 색. 수없이 바뀌고 소멸하는 갖가지 생각과 의식 속에서도 사라지지 않고 변하지 않는, 분홍색에 대한 나의 추억과 집착은 "그대가 옆에 있어도 난 항상 그대가 그립다." 어느 시인의 시구처럼, 먹으면 먹을수록 배고파지는 진달래꽃처럼, 유난히 많은 분홍색 옷과 물건들을 가지고도 항상 부족해서 허덕이는 듯한 이것은 분명 떨칠 수 없는 그리움이다.

붕실이와 장다리

 계속 뒷걸음질이다. 그렇지 않아도 커다랗게 튕겨 나온 눈은 아예 몸에서 분리될 것 같다. 작은 물배추 잎에 입을 대고 헉헉대더니 허연 배를 허공으로 하고 아예 누워버린다. 안간힘을 다해 몸을 뒤집는가 싶다가 다시 옆으로 돌려 몸부림을 치고, 잠시 숨쉬며 정상 헤엄을 치는가 하면 또다시 진통이 오는지 정신없이 맴을 돈다. 옆의 붕길이가 웬일인가 쳐다보며 같이 돌다가는 슬그머니 꽁무니를 뺀다. 결국 혼자 겪는 산고인지, 죽은 듯 정지하다 다시 몸을 뒤집는데 등지느러미까지 볼록 솟아 보인다.
 아끼는 후배가 어항으로 쓰면 좋을 자기 항아리 하나를 빚어 선물했다. 조약돌과 행운목까지 챙겨주기에 손가락 한 마디 정도 금붕어 세 마리를 사다 넣은 것이 이사 온 지 벌써

1년 반이 되었다. 그중 두 마리가 각각 엄지만 한 몸통과 검지와 장지 크기로 자라서 큰 놈에게 붕길이, 작은놈에게 붕실이란 이름을 지어줬다. 그 붕실이가 암컷이었나 보다. 언젠가부터 양옆으로 눈에 띄게 불어난 배, 지난 초여름에도 이런 진통을 치른 붕실이다. 그때는 산란인지도 모르고 자꾸 뒤집어 허연 배를 보여서 죽나 보다고 건져내려고만 했었다. 가는 실을 촘촘히 홀 맺은 듯한 모양의 별것 아닐 듯한 산란일지라도 또 다른 분신을 만들어 냄은 그렇게 힘들고 힘든 일이었던 게다.

또 두 장을 뜯어냈다. 이제 남은 잎이라곤 작은 것 두 장이다. 대신 경중 솟은 대의 마디마디에 좁쌀같이 맺혔던 봉오리들이 연보라색 꽃잎으로 하나, 하나 피어나고 있다. 김장하고 남은 무를 겨우내 먹다 보니 뾰족뾰족 싹이 나기에 그 부분만 약간 잘라 물에 담근 지 대엿새나 지났을까? 갓 부화한 병아리 잔털 같던 싹이 줄기와 잎맥을 갖춘 이파리로 변한 모양이 이제 막 소녀를 벗어난 아가씨 티를 냈다. 다시 며칠이 지나자 짙어질 대로 짙어진 녹색 잎은 성숙한 아가씨의 모습으로 옆 화분에 심어진 화초들을 슬금슬금 곁눈질하기 시작했다. 진한 눈길의 마주침이었을까? 기다랗게 솟아난 줄기 마디마디에 꽃망울이 맺혔다. 그것은 강한 유혹이었다. 내 몸이 달아서 하루에도 몇 번씩 베란다 문을 여닫으며 보고 또 보았다. 금방이라도 터질 듯 팽팽하게 부푼 봉오리는 그러나 쉽게 몸을 열지 않았다. 무성하던 푸른 잎이 윤기를 잃은 채 차례대로 맥을 놓고, 그런 잎이 늘어나서야 기다렸다는 듯 꽃대는 더욱 당당해지고 꽃잎은 하나하나 고운 자태를 드러내기 시작했다.
"어? 무 쪽에서도 꽃이 펴요?"
"그래? 이게 그 꺽다리 장다리꽃이야?"
모두 꽃에만 관심을 보였다. 소리 없이 사그라지는 무 잎의 청춘은 아무도 돌아보지 않았다. 마디마디 원 없는 꽃송이를 펼치는 장다리도 내게 언제 그런 잎이 있었느냐는 듯 제 키만 더 키우고 있다.

지난 설날. 차례상을 차리면서야 수육으로 놓을 돼지고기가 생고기로 있음이 생각났고, 떡국을 먹고 나서야 쇠고기 고명이 냉장고에 그대로 있음을 알았다. 아이들이 저희가 즐기는 게임기로 건망증 정도를 측정해보더니 내 나이에 스물두 살을 더한 결과가 나오자 방바닥을 구르며 웃어댔다. "엄마, 지능 저하가 그리도 우습니? 다시 해. 이건 엉터리."라며 버럭 화를 내버렸다. 웃어대던 아이들이 머쓱하거나 말거나 난 더 큰 소리로 "다 너희 때문이야. 너희 키우면서 진이 다 빠져서 그래." 그냥 재미로 체크해 본 것이니 신경 쓰지 말라는 아이들 말은 아무런 위로도 안 된 채 많이 우울했던 기억이 떠올랐다.

본능으로 보살피고 도리와 책임으로 키웠을 뿐 무엇을 바라며 키웠던가? 배움도 없고 말 못하는 식물이나 작은 물고기도 제 도리를 다하느라 겪는 고통을 소리 없이 이겨내는데, 생각하고 말하는 사람이라고 두서없는 푸념 혼자 늘어놓고 우울하던 기억이 새삼 부끄러워 낯 붉혀지는 날이다.

묵은지와 내 글

 이 통의 것은 좀 나을까? 조심스레 꺼내서 반으로 잘라 줄기와 잎을 반대로 놓은 뒤 같은 길이로 잘라 가지런히 담은 뒤 한 쪽을 집어 맛을 보지만, 아니다. 이것도 아니다. 싱거운 것도 같고 짠 것도 같고, 젓갈이나 배추, 고춧가루 냄새도 없이 씁쓰레한 담배 냄새가 날 뿐이다. 원인도 모른 채 고민한다.
 손톱 길이로 자른 김치 조각은 가루와 버무려 적당량 기름 두른 프라이팬에 노릇노릇 부쳐낸다. 그 반죽에 돼지고기를 갈아 넣거나 오징어를 다져 넣으면 색다른 맛의 김치전이 된다. 비싸지 않은 부위 돼지고기 듬성듬성 썰어 고추장 양념에 조물조물 묻혀 볶다가 고기와 어울릴 손가락 길이 정도 김치를 썰어 넣으면 또 그만한 찌개가 없다.
 맛있던 김치에서 군내가 난다 싶으면 한번 씻어서 슴슴하게

푼 된장에 멸치 한 줌 넣어 포기째 푹 지져 쭉쭉 찢어 밥에 얹으면 바로 밥도둑이 된다. 어디 그것뿐인가. 송송 썬 김치와 한소끔 끓인 김치콩나물국은 술국으로도 그만이다.

그런 주연과 조연의 김치를 위해 늦가을 갖은양념을 준비해 김장이란 것을 한다. 나이 들어감에 따라 이젠 힘에 부치기도 하고 먹을 입이 줄어드니 담그는 양도 줄지만, 그 연례행사를 거를 수는 없다. 포기째 사다가 자르고 소금으로 간해서 엎고 뒤집고 밤을 새울 필요는 없어졌지만, 배달된 절임 배추에 준비된 양념을 발라 통을 채우기 전 상전인 아들딸에게 보낼 진상품을 먼저 고른다. 적당한 크기와 알맞게 절인 상태의 배추를 골라 우리 것보다 조금 싱겁게 정성을 다해서 한 장 한 장에 붉은 옷을 입힌다. 그런 과정을 똑같이 겪은 것들인데 이 쓴맛의 원인은 대체 뭘까.

일상에서 수시로 부딪는 사람과 사물과의 관계에서 확 당겨오는 격한 감정, 때로는 가랑비 스며들듯 다가오는 감동이 있다. 그럴 때면 상황에 따라 휴대전화나 메모지에 끼적였다가 컴퓨터에 옮길 때 털어내기도 하고 덧붙이기도 하면서 엮어내는 것이 내 글이다. 의지가지 엮은 글은 내놓기 부끄럽고 이 정도밖에 안 되면서 글을 쓰겠다고 용을 쓰는 이유를 생각하며 맥빠져 네 손발을 죽 펼쳐 누워버린다. 그게 일상이 되어버렸다. 머리로는 써야 한다는 의무와 욕망이 가득하건만, 머리에서 생각하는 단어도 문장도 어디론가 깡그리 도망을 갔거나 어딘가에 숨어서 머리카락 한 올 보이지 않게 싸매져 있는 것 같다. 마음 따라 몸도 따라가는지 몸과 마음이 척척 죽이 맞는다. 온종일, 아니 이틀, 사흘도 자판 한번 두드리지 않고 지날 때가 태반이다. 누군가 쫓아오듯, 당장 옆에서 내 하는 일을 지켜보며 채근하고 나무라는 것 같지만, 그까짓 것 깔아뭉개거나 무시하는 것은 일도 아니다. 어제 그랬고, 오늘도 마찬가지, 내일이라고 다를 게 없으리라.

쓰디쓴 묵은지와 다를 게 뭐 있으랴. 원인 모르는 쓴 김치와 게으른 내 글쓰기의 다름일 뿐이지.

아프다는 것은 엄살이고 핑계다. 두 손이 없는 사람이 발가락으로 쓰기도 하고 병상일지를 보면 금방 숨이 넘어가는 고통 속에서도 쉬지 않고 작업을 하는 사람들도 많지 않은가. 코로나가 사람을 참 나태하고 무심하게 만드는 것이라는 좋은 핑계를 대며 조금 편안한 곳으로 피해 보려는 마음 안쪽에는 그것을 나무라며 달래는 또 다른 내가 있기도 하다.

안쪽에서 꺼내 본 김치도 보기만 그럴듯할 뿐, 가뜩이나 달아난 입맛에 먹고 싶은 마음은 조금도 일지 않아 결단을 내렸다. 두 통 꽉꽉 채워진 김치를 꺼낸 뒤 큰 비닐봉투 두 개에 꾹꾹 눌러 담았다. 그냥 버리려다가 김장할 때의 수고와 먹는 음식을 함부로 하는 죄책감과 함께 솜씨 좋은 누군가를 만나면 색다른 찬으로 거듭날 수도 있지 않을까? 하는 마음에 내놓는 이유를 간단히 써서 음식물 통 옆에 나란히 놓았다. 얼마 지나지 않아 혹시나 하는 마음으로 베란다에서 바라보니 금방 사라져 보이지 않았다. 다행이다. 어설픈 내 글도 누군가는 고개 끄덕이며 읽어주지 않을까. 그러기를 바라는 마음에 달아오른 얼굴을 두 손으로 감쌌다.

5부

물위에 쓴 편지
북장단
흔적
꽃이 되고 신이 되고
그래도 세상엔
생일
나의 삶
쌀밥
대원군 당신이 그립습니다

물위에 쓴 편지

　부모도 나이도 몰랐습니다. 고향도 몰랐습니다. 커다란 집에 살며 감사한 줄도 모르고 앞으로 어떻게 살아야 할까 하는 생각은 할 필요도 없었습니다. 아무런 기억도 없어 추억할 것도 없고 고민할 일도, 아니 고민이 무엇인지도 모른 채 사는 나날이었습니다. 그런 어느 날 또래 친구들과 어울려 놀면서 술래가 되어 숨은 친구를 찾아 두리번거리다가 집 밖에 서 있는 나이 지긋한 부부와 눈이 마주쳤습니다. 평범한 모습의 부부였는데 왠지 가슴이 콩닥콩닥 뛰며 부끄럽다는 생각에 얼른 자리를 피하자 부부가 제게 손짓을 하는 것입니다. 그렇게 그 부부와 인연이 되어 같이 살게 된 저입니다.
　작은 집에서 넉넉한 생활은 아니라도 항상 저를 따스하게 바라보는 눈길이 좋았습니다. 금자金子라고 지어준 조금 오래

된 이름이 마음에 들지는 않았지만 "금자야? 금자~." 때로는 "어, 금자." 하고 부르는 부부의 목소리는 항상 부드럽고 정겨워 이름 같은 것은 아무래도 좋았습니다. 무엇보다 좋은 것은 저보다 먼저 와서 사는 친구 금석이가 있어서였습니다. 그는 저와는 비교도 안 되게 온순하고 차분해서 비슷한 나이로는 보이지 않게 의젓했습니다. 밥을 먹을 때도 잠을 잘 때도 항상 저를 먼저 챙기며 절대 서두르지 않았습니다. 지나치게 어른스러운 그런 행동이 답답해서 졸졸 따라다니며 귀찮게 굴어도 "금자야, 금자야." 부부가 나무라듯 부르며 "저 점잖은 금석이 좀 봐." 할 때도 못 들은 척 제 할 일만 했습니다. 부부싸움을 엿들은 제가 그 흉내를 내며 깔깔댈 때도 마찬가지였습니다. 대체 무슨 재미로 사는지 알 수가 없었습니다. 먼저 얘기를 꺼내는 일도 없고 제 얘기를 귀담아듣지도 않았으니까요.

나들이하기 좋은 날들, 부부는 노상 외출 중이라 집에는 항상 금석이와 저 둘만 남았습니다. 창밖에는 하얗게 피어난 돈나무 꽃이 그 향기를 맘껏 뿜어대고 그 옆 남천은 줄기에 잎사귀를 붙이고 꽃봉오리를 키워내느라 정신이 없었습니다. 그 아래 철쭉과 천리향도 고개를 젖히고 발돋움을 하는 날이었습니다. 저도 밖으로 나가고 싶은 마음에 금석이를 부추겨 봐도 본분을 잃지 말라며 요지부동이었습니다. 제 본분이란 게 무엇일까요? 항상 예쁜 모습으로 부부를 기쁘게 하며 고마워하는 것이요? 날마다 되풀이하는 그런 일상이 지겨워 금석이 옆 구리를 쿡쿡 찌르며 슬쩍 다가가 뽀뽀라도 할라치면 죽어라 도망쳐버리는 바보 같은 금석이. 발을 동동 구르며 투덜대면 그때야 슬그머니 다가와 제 볼에 살짝 입을 대고는 쏜살같이 달아나는 금석이. 전 그런 금석이가 정말 좋았습니다. 부부가 자주 하는 말, "선비 같은 금석이 옆에서 방정 떠는 저 금자 좀 봐." 그랬습니다. 말끔한 생김새에 성격까지 진득한 금석이는 누가 봐도 멋진 모습이었습니다. 그에 어울리려면 날씬한 몸매에 우아한 모습이어야 맞는데 그 반대의 모습인 저이지만, 타고난 상냥함으로 미움은 받지 않았습니다. 부부도 자주 "금자는 생긴 것하고 달리 정말 부지런하고 삽삽해." 하면 금석이 표정이 활짝 피어나는 것이 기분 좋았습니다. 표현만 안 할 뿐 속정은 깊음을 알 수 있었으니까요.

제 등에 종기가 났을 때였습니다. 어떡해, 어떡하지? 걱정하는 부부 옆에서 금석이 또한 안쓰러운 눈길로 저보다 더 아파하는 모습이 절 얼마나 설레게 하던지요.

바람이 몹시 불며 꽃이 지던 날이었습니다. 그날도 부부는 집을 비워 금석이와 둘이 남았는데 금석이가 갑자기 어지럽다고 했습니다. 저는 어찌할 바를 몰라 뱅뱅 맴만 얼마를 돌았을까요? 금석이를 돌아보니 꼼짝도 하지 않았습니다. 무엇 때문인지 원인도 모르고 혼자서는 어찌해 볼 수도 없어 그냥 넋을 놓고 있었습니다. 돌아온 부부는 한숨과 함께 혀를 몇 번 차고는 금석이를 들어내더니 화분에 꽃삽 부딪는 것 같기도 하고 흙을 고르는 것 같은 소리가 몇 번 난 뒤 집안은 조용했습니다.
　새벽이 되었습니다. 금석이가 없는 집이 너무 커서 무섭다는 생각뿐 무엇을 할 수도 없고 하고 싶지도 않습니다. 금석이는 어디로 간 것일까요? 그토록 꼬드겨도 꿈쩍 않더니 바깥세상 구경을 갔을까요? 금석이가 저를 부르는 소리가 들리는 것 같습니다. 찰랑이는 이 물결 넘으면 금석이를 만날 수 있겠지요? 만나서 나란히 잠들고 싶습니다. 나란히 잠들게 해 주세요. 금자 올림.

　거실 한쪽 둥근 도자기 어항이 텅 비었다. 금석이가 떠난 다음 날 어찌된 영문인지 어항 밖에 떨어져 있는 금자를 발견했다. 물위에 쓴 금자의 편지만 보였다 사라지기를 반복하고 있다.

북장단

 눈으로의 짜릿한 교감이었다. 바깥 날씨의 후끈함을 넘어 온몸으로 퍼지는 흥분의 도가니였다. 주체할 수 없는 열기는 옆 사람을 의식할 여유도 필요도 없이 그렇게 활활 타올랐다. 타올라 훨훨 산화될 것 같은 열기로 가득했다. 산골에 자리한 ○○농악전수관에서 펼치는 젊은 전수자의 신명나는 북춤 한 마당.
 크지 않은 밋밋한 북 하나를 가지고 그 오묘한 표정과 몸짓으로 사람을 들었다가 놓았다가 엎었다가 뒤집어 마술이라도 부리는 것 같았다. 우리 악기, 우리 장단의 신나고 기막히고 애절하고 관능적인 매력이 이런 것인 줄 미처 몰랐다. 같이 어우러져 목청껏 목젖을 울리고 손바닥을 넓게 펼쳐 아프도록 탁탁 쳐댔다. 좋다, 즐겁다. 그런데 뒤에 싸~하게 남는 이건 무엇일까? 다 같이 공감하는 민족의 한인가. 나만의 한인가. 북춤을 끝내고 나가는 청년의 뒷모습에 남는 애잔함은 또 무엇인가.

그리워 가슴 저리거나 통한의 애절한 사모곡 속 어머니도 아닌데 내 어머니가 떠올라 가슴 한쪽을 메운다. 내 어머니가 노래라고 부르던 흥얼거림은 기껏해야 본인의 한풀이 같은 푸념에 불과했다. 정확한 음정, 박자도 없이 아무렇게나 되풀이되는 가락은 단조롭고 재미도 없는데 묘하게 가슴을 후비는 설움 같은 게 있었다. 그게 싫어서 "그만 좀 하라고, 노래도 아닌 것 듣기 싫게 흥얼거려 시끄러워 죽겠다." 짜증을 내면 멋쩍은 듯 욕 한마디 뱉으며 멈추시던 어머니. 어머니는 노래 말고도 동네 놀이마당에서 장구를 쳤다. 언제 어디서 배우셨을까. 익숙한 솜씨로 장구채를 쥐고 사람들 사이를 휙휙 오가며 신나 하셨다. 그것도 싫었다. 장구 멘 자리 멍이 들도록 벗을 줄 모르고 쳐대는 이유가 대체 뭘까. 그 답을 이 마당에서야 알 것 같다면 억지인가? 삶을 즐기려고, 삶을 보듬으려고, 삶을 넘기려고, 가지가지 맺히고 얽힌 한을 풀려고, 펼치려고, 던지려고 굽이굽이 구절구절 읊고 넘기며 꺾었던 것을, 마음으로만 왜 그리도 매몰차게 쥐어박듯 어머니를 몰아세웠을까. 그 한, 그 설움 한 번이라도 들어볼 생각이나 했던가. 술에 취해서 "우리 막둥이, 불쌍한 우리 막둥이." 하는 소리도 싫었다. 주위 환경과 내 처지를 아무리 생각해도 특별히 불쌍할 게 없는데 왜 그리도 불쌍하다 했을까. 당신 한恨 자락 하나 나도 걸치리라 미리 생각하셨을까?

한 번도 어머니와 진정한 이야기를 나눠본 적이 없는 것 같다. 어려서는 워낙 늦게 둔 막내라 당신의 속내를 털어내도 들어줄 요량이 못 되는 것으로 아셨을 것이다. 커서는 바라는 어머니상이 아니라는 생각에 내가 가까이 다가가지 않았다. 결혼해서는 어머니의 이야기를 들어줄 만한 시간과 마음의 여유가 없었다. 참 어이없는 이유들로 부딪침의 기억만 선명히 남은 채 지금에야 내 가슴으로 퍼지는 어머니의 한과 불쌍하다는 의미를 알 것도 같은데 영영 이별한 지 20년도 넘었다. 딸의 도리에 앞서 어머니의 의무와 도리만 바라고 요구하며 들어주지 않음을 속상해하고 원망한 난 어머니의 무엇이었을까.

보이지 않는 갈등과 고단함을 참고 누르고 덮으며 산 세월을 누가 알랴. 그런 어머니와 비슷한 삶을 30여 년 남다르게 부딪고 느끼며 사는 나. 물위에 평온히 떠도는 오리의 겉모습만 보는 이는 물속에서 쉬지 않는 버둥질의 버거움을 알 리가 없다. 소용돌이치는 물속 회오리의 어지러움을 결코 볼 수가 없다.

궁~ 궁~ 궁~ 궁, 쿵~탁~ 쿵~탁 ~쿵 탁, 쿵 탁……. 북을 치며 천천히 느리게 숨 고른 후 서서히 발 옮기고, 옮긴 발 훌쩍 올려 맴돌기 시작한다. 세상은 내 것인가? 온통 내 것이다. 설움이여 물러가라, 아픔도 멈추어라, 즐겨보자, 느껴보자, 북장단에 발맞추고 발장단에 북을 치며. 어머니가 웃는다. 울 엄마가 웃는다. 나도 같이 웃는다.

흔적

 그들은 현란했고 때로는 숨죽이게 애틋했다. 인물도 출중한 젊은 남자들이 가슴 저리게 부르는 트로트란 장르의 노래 경연에 빠졌다. 어느 한 구절도 감히 흉내낼 수 없지만, 가사에 빠지고 몸짓에 녹아들어 시간의 흐름을 잊게 했다. 이제 경연이 끝나자 순위 밖 참가자들까지 온갖 예능프로에서 못다 한 끼와 노래로 가라앉은 세상 분위기를 흔들고 있어 노래에 얽힌 먼 추억까지 불러와 실소와 폭소를 넘나든다. 노래를 처음 흥얼대본 것은 여섯 살, 사업에 문제가 생긴 외삼촌이 나보다 한 살 아래 딸 옥경이를 우리 집에 잠시 맡겼던 때다. 뽀얀 피부에 인형 같은 얼굴로 "한 많은 대동강아, 변함없이 잘 있느냐……." 두 손을 모으고 눈을 깜빡이며 노래까지 잘 불렀다. 여러 사람이 "유성기에서 나오는 소리 같다." 하는 칭찬이 부러워

옥경이 흉내를 내며 나도 목청껏 "한 많은 대동강아~."를 불렀으나 칭찬이 아닌 배꼽을 잡고 웃는 가족들을 향해 괜한 트집으로 고집을 부리다가 혼만 났던 기억이 있다.

또 있다. 학교에 하나 있는 풍금 반주에 맞춰 배우는 초등학교 시절, 3학년 때던가, "반공反共을 국시의 제1로 삼고"로 시작하는 혁명 공약을 외우던 60년대, 〈멸공 돌격가〉를 지정곡으로 교내 '반공 노래 경연대회'가 있었다. 평소 남 앞에 서는 것을 꺼리거나 두려워하지 않아 뽑힌 것 같은 내가 전교생 열두 반에서 한 반에 한 명씩 열두 명 출연자 중 첫 번째로 무대에 올랐다. 그날도 역시 떨지 않고 "보아라. 하늘 높이 휘날리는 저 깃발을~." 배운 대로 씩씩하게 시작했으나 거기까지였다. 그 뒤의 가사나 곡은 하얗게 지워져 멍하니 서 있다가 휘청휘청 내려온 기억은 지금도 가끔 꿈속에서 재연된다.

그렇다고 흑역사만 있는 것은 아니다. 음악 이론은 0점에 가깝지만, 어려서나 젊어서는 가사가 맘에 들면 가곡이든 가요든 쉽게 익히기도 했다. 고 1이었을 게다. "그대는 차디찬 의지의 날개로 끝없는 고독의 위를 나르는 애달픈 마음……." 김동명 작사 〈수선화〉를 그렇게 익히면서 실기시험 곡이 될 줄은 몰랐다. 그해 연말 음악 발표회 합창단원으로 뒤쪽의 한 자리를 차지하리라고는 더욱이나. 빙그레 웃음 짓는 추억의 한 장으로 남았다.

요즘 기를 쓰고 익히는 노래가 있다. "괜찮아, 이 정도면~."

쓱쓱 문질러서 시원해진 등짝을 흔들며 자연스럽게 나오는 흥얼거림이다. 효자 노릇 톡톡히 한 효자손을 침대 뒤 원래 자리에 숨기듯 치워두고 돌아서자 거울 속에 비친 내 모습과 마주친다. 꼬리빗으로도 빗어지는 소털같이 변해버린 한줌내기 머리카락, 화장품과 멀어져 버린 얼굴은 상늙은이로 가는 모습 그 이상도 이하도 아니다. 그래도 괜찮다. "아자~ 내가 어때서~." 다시 흥얼대는 가사와 멜로디. 한과 흥이 곁들인 곡에 한 구절, 한 구절 귀에 쏙쏙 들어오는 가사가 내 마음을 대변하는 것 같아 열심히 따라서 해보지만, 의욕만 저만치 앞선다. 그래도 괜찮다. "나야, 나야 나, 괜찮아, 나 정도면~." 멋지게 못 부르면 어떤가. 위로되고 안도가 되는 가사에 딱 맞게 붙여진 곡을 나 혼자도 이렇게 즐길 수 있으니.

훗날 세계적 유행병에 불안해하던 때 노래로 위안 삼았던 기억 속 또 하나의 흔적으로 남는다면 괜찮지 않을까. 도통 기억이 없는 늑막염을 앓았다는 x-ray에 남은 흔적같이 스치듯 떠오르는 것도 괜찮을 것 같다.

꽃이 되고 신이 되고

꽃으로 피어났다. 구름으로 내려앉았다. 누가 길바닥에 널려 있어 흔한 것이 돌이라 했던가. 누가 황금 보기를 돌같이 하라고 했던가. 돌이되 돌이 아닌, 신이면서 꽃이고, 꽃인가 하면 구름이고, 구름인가 하면 비천상이 되기도 한다. 강원도 양양의 폐사지에서 정교하게 깎고 다듬은 탑비와 부도에 한껏 높아진 눈이지만, 솜씨 서툰 아낙의 뭉텅 수제비 뜬 것같이 아무렇게나 툭툭 찍고 도려내서 그 형상만 나타낸 내 고장의 동물 형상들도 정겹다.

한 마을에서 신으로 받드는 돌거북상이 짓는 미소는 포대화상의 천진난만한 웃음은 아니다. 모나리자의 야릇한 미소도 아니다. 그래도 웃고 있음이 분명한 사람 얼굴에 거북의 몸을 가진 영험하신 몸이다. 아니 귀하신 몸이다. 그 귀하신 몸이 어느 날인가 보쌈당해 사라진 후, 애면글면 마을 사람들의 정성으로 다시 만들어진 마을의 보배다.

아직도 겨릅대 섞은 황토를 이겨 바른 벽이 보인다. 낮은 대문과 담장 밑엔 옛 엄마들 손길 그대로 수수한 봉선화와 채송화, 검붉은 토종 맨드라미가 당당하다. 소박한 시골 새댁의 발그레한 볼 같은 분꽃도 배시시 웃고 있다.

이런 평화로움을 시샘한 것이었을까. 아주 오래전, 초가지붕 옹기종기 머리를 맞대며 살던 시절, 수시로 일던 불길은 삽시간에 온 마을을 불바다로 만들었다. 뉘 집에서 낸 불인지 따질 일도 아니었다. 따져본들 너나없이 없어진 살림에 윗집 형님, 아랫집 동생인 것을…….

앞에 보이는 삐죽한 봉우리를 탓했다. 그렇다고 높다란 산봉우리를 뽑아낼 것인가, 묻어버릴 것인가. 생각해 낸 것이, "중이 절이 싫으면 떠나면 된다."듯, 그 봉우리를 마을에서 안 보고, 봉우리가 마을을 볼 수 없게 하는 방법으로 나무를 심었다. 띠를 두르듯 마을 앞에 갖가지 나무를 심었다. 그래도 불길은 멈추지 않았다. 나무보다 강한 것, 나무와 곁들여 더 강한 힘을 내는 것은 용일까? 아니면 호랑이일까? 아니다. 거북이었다. 천 년을 산다는 거북의 고향은 바다, 불길을 뿜는 봉우리를 향해 거북을 앉혔다. 뿜는 불길은 입으로 소화시키고 엉덩이로는 알과 황금을 낳아 주길 원했다. 마을로 향한 토실한 엉덩이 덕이었을까. 불길은 잠잠해지고 마을은 조용해졌다. 그런데 어느 날 갑자기 거북이 없어졌다. 그 영험하고 고마우신 물의 신이 사라지다니. 찾기도 힘들지만, 그보다는 하루가 다르게 변하는 세상이 문제였다. 훤하게 신작로가 뚫리고 초가집이 헐리고, 단단해도 보드랍던 마을 흙길은 딱딱한 시멘트로 덮여버렸다. 나무를 때던 어수선한 부엌이 없어지고 스위치 하나 눌러 밥을 하고, 방을 덥히는 기계가 있는데 그깟 거북이 무슨 소용인가. 그 누구도 사라져버린 거북을 그리워하거나 아쉬워하지 않는 세월이 한동안 흘렀다.

 유행은 돌고 도는 것. 그 유행처럼 옛것을 그리워하는 마음들이 빠른 속도로 이 마을 저 마을로 퍼지기 시작했다. 그때 다시 거북이 생각이 났다. 불을 막기 위해 세우던 절실한 마음은 아니지만 무언가 가지고도 허한 마음에 위로가 필요했다. 기왕이면 예전에 있던 생김새의 거북 모양으로 세워보자는 의견을 모았다 "목에 주름이 많았어." "웃는 눈이 꼭 돌쇠 할아버지 닮았었지?" "입은 합죽하니 꽃순이 할매와 똑같았지 아마?" " 얼굴이 딱 짱구 아베 같았어." 한마디씩 거들었지만 닮았다는 사람들은 이미 이세상 사람이 아니었다. 옛날같이 석수장이를 데려다 이렇게 저렇게 해달라고 주문하며 간섭할 수도 없었다. 발달한 기계는 그전의 사람 솜씨보다 훨씬 나은 거북상을 만들어 내놓을 거라 믿으며 공장에서 돌아올 거북을 기다렸다. 그러나 돌아온 거북에게서 예전의 모습이란 어디에도 없었다. 우선 눈에 익어 친근한 희끄무레하고 우둘투둘한 모습이 아니라 매끌매끌한 하얀 돌은 약아빠진 도시인의 모습이었다. 이건 아닌데? 고개를 저어보지만 어쩔 것인가. 밀가루 반죽처럼 다시 치대 만들 수도 없고, 첫눈에 반하기가 어디 쉽다던가. 세워놓고 밤낮으로 바라보면 서서히 드는 정이 더 도타울 수도 있겠지. 그렇게 그 자리에 세워졌다. 그랬다. 가만히 오래도록 보고 있으면 그 옛날의 돌쇠 할아버지 눈이, 꽃순이 할매 입이, 짱구 아베 얼굴이 언뜻언뜻 보였다. 아니 자꾸 쳐다보니 똑같아 보였다. 친근하고 그리운 모습들이 고스란히 모여 있다. 말로는 "이젠 저세상으로 가야지, 가야지." 하면서도 마음으론 이 세상에 더 오래 남고 싶은 내동댁과 탄곡댁, 바우 할배가 웃고 있는 거북이의 얼굴을 무심하게 쳐다보고 있다.

그래도 세상엔

 믿기 어렵고 믿기도 싫은 일들이 수시로 뉴스를 장식한다. 자식이나 친구, 친구 부모도 못 믿을 세상을 사는 우리는 대체 누구인가. 무엇엔가 홀려 혼도 의식도 잃어버린 것은 아닐까. 재산 없음에 감사하고 손자, 손녀 없음이 다행이라 할 만큼 어이없는 일들이 안타깝지만, 길이나 엘리베이터에서 만나는 고만고만한 아이들은 여전히 어찌 그리 다 예쁜지. 남편도 같은 마음인지 그런 애들과 마주칠 때면 자연스럽게 입꼬리가 올라가며 한마디라도 붙여보려 애를 쓰는 눈치다. 그럴 때마다 내가 옆구리를 쿡 친다. 큰일 난다고. 그래도 같은 아파트에서 산 지 십 년이 되어가니 꼬마 때 보았던 아이가 중고등학생이 되어 있는 것을 보면 마치 우리 아이 크던 것같이 대견하고 흐뭇해서 같이 쳐다볼 수밖에 없다. 꾸벅 인사를 하면 머리라도 쓰다듬어 주고 싶은 것을 애써 참는다. 그게 여학생일 경우 남편한테 주의를 몇 배로 준다. 어디 이런 일뿐인가. 우리가 아니면 금방이라도 나라에 큰 위기가 닥칠 것이라는 위협 아닌 위협을 주는 위정자, 그 위협과 불안을 속시원히 없애지도 감싸지도 못하는 또 다른 위정자들 때문에 마음이 편하지 못하다. 큰 힘 들이지 않고 큰돈 벌려는 사람들의 갖가지 속임수도 사회 곳곳에서 펼쳐져 못 믿을 세상의 끝은 어디인가 싶은 회의감과 두려움에 고개를 저을 때가 잦다. 그러나 주위를 돌아보면 괜찮은 일도 있다는 것이 또 살 만한 세상이라는 이율배반적인 생각이 들 때가 있다. 며칠 전 통장정리를 하다가 한 ∞이라는 이름으로 5천 원이 입금된 것을 보았다. 아, 그 친구가 이런 이름이었구나. 내가 사는 '세상에 이런 일도 있네.' 하는 마음에서 터지는 미소를 감추지 않았다.

추석을 전후해서 지루하게 이어진 휴일과 상관없는 관광지 우리 사무실은 매일 방문객의 문의로 바쁨이 배가 될 때였다. 그날도 원하는 곳까지 걸리는 시간과 차량 이용 등 수없이 되풀이되는 물음에 지쳐있을 즈음 부부로 보이는 젊은이가 현금이 필요한 문화재 관람료 때문에 난감해하며 계좌번호와 함께 필요 금액을 빌려주면 폰뱅킹으로 송금하겠다고 했다. 다정한 모습이 꼭 우리 아들 며느리 같아 선뜻 내주었으나 문제가 생겼는지 송금이 안 된다며 쩔쩔매기에 괜찮으니 신경 쓰지 말고 구경 잘하라 했다. 그 뒤로 까맣게 잊고 있었는데 통장을 보고는 마치 횡재라도 만난 듯, 부자라도 된 듯 그렇게 고맙고 뿌듯할 수가 없어 전화번호라도 물어두지 않은 것이 몹시 아쉬웠다.

그녀는 자신을 콩 같은 사람이라고 했다. 실지 잘 익은 두부 콩같이 동글동글한 모습과 반질반질 윤기 도는 얼굴이 정말 콩을 닮았다. 콩에 대한 구술 또한 콩이 통통 튀다가 또르르 구르는 것같이 재미있게 이어 나갔다.

그녀는 어려서부터 콩 섞은 밥이 아니면 먹지 않고 콩 반찬이 빠진 도시락은 갖고 가지 않아 부모님께 야단을 맞을 정도였다고 했다. 그런 그녀가 두부 공장 큰아들과 결혼해서 두부 사업으로 잘 나갈 때 모 대학 교수의 유전자 변형 식품에 대한 폐해 강의를 듣게 된다. 그 후 바른 먹을거리에 대한 투철한 철학이 자리 잡은 그녀가 수입 콩으로 만든 두부로 잘나가는 공장을 그 몇 배 원가의 토종 콩으로 바꾸는 과정은 일종의 전쟁이라고 했다. 수입 콩 지역대표 남편을 우리나라를 침범한 일본인으로, 본인은 그를 물리치려는 독립군으로 생각하며 싸웠다고 하니 그럴 만하다. 치열한 싸움에서 기어코 이긴 후 토종 콩만으로 식품을 개발하고 이문을 남기기보다 바른 먹을거리를 더 많이 알리고 보급하고 싶은 마음에 또 다른 일을 벌였다. 개발 식품에서 얻은 이익금을 털어넣는 식으로 우리 농산물로만 조리한 식당을 연 것이다. 미소로 맞이하지만, 바른 먹을거리에 대한 고집스러운 본인의 철학은 단호하게 펼치

고 있는 그녀를 만난 것 또한 그래도 세상은 살 만한 곳이라는
이유가 된다면 혹 누군가 어이없다고 할까.

생일

올해도 밥그릇에 수북이 담은 하얀 쌀밥과 대접에 넘실대는 미역국을 식탁에 올렸다. 내 살림이 된 이후로 한 번도 거르지 않는 내 생일 의식이다. "이것은 우리 최○○ 여사님 생각해서 담아놓은 것이니 내가 먹습니다." 평소 양의 세 배쯤 되는 밥과 국을 내 앞으로 당겼다.

스무 살 되던 해.

음력 윤오월 ○○일. 음력 윤달 생이 같은 윤달을 맞으려면 보통 19년의 세월이 흘러야 하니 평생 서너 번? 그중에서 처음으로 맞는 진짜 생일이었다. 평달에 날짜만 맞추어 지내는 생일마저 자녀 없이 돌아가신 작은아버지 제사 다음 날이고 보니 지금껏 제사 음식에 미역국 한 그릇만 추가했다고 할까. 가족에게서 처음 받아본 축하와 선물이 내 것이 아닌 양 어색하고 어리둥절하기만 했다.

서른두 살 때.

결혼 후 첫 생일은 친정에서 제대로 챙겨줘야 시댁에서 대접받는다던가. 그 속설을 믿는 친정 언니가 바리바리 해 온 음식들로 생일 전야를 푸지게 맞았지만, 정작 생일 아침 미역국은 생략했다. 시부모님과 사는 사람은 그래야 한다고 생각하면서도 조금 섭섭한 마음을 작은 케이크 상자 위에 5천 원짜리 지폐 한 장 얹어 부엌에 있는 내게 넌지시 건네주시던 시아버님이 계셔서 흔쾌히 풀렸다.

마흔다섯 살 생일.

내가 내 생일에 처음으로 미역국을 끓였다. 시아버님 대신 남편이 호주가 되어 집이랑 세간살이를 내 맘에 맞게 고치고 들이는 재미에 푹 빠져 안주인 자리를 실감하던 중이었다. 남편한테 보석 목걸이까지 받아 생에 큰 기쁨이라 여긴 것을 속물이라 칭한대도 별수 없다.

예순여덟이 되었다.

넘치게 담은 밥과 국그릇 뒤에 놓인 작은 케이크 가운데 68이란 양초 숫자가 선명하다. 남편과 아들이 생일 축가와 함께 또 다른 축하의 말을 전한다. 때 되면 항상 맞는 날이라도 몇 번의 잊히지 않는 생일 중 오늘도 그중 하루다. 칠순을 맞은 남편 생일 선물로 부랴부랴 낸 세 번째 수필집이 운 좋게도 두 개의 문학단체 수상작이 되었음이다.

6·25 난리통에 위로 세 아이를 잃은 뒤 생각지도 바라지도 않던 계집아이가 마흔네 살 산모에게서 태어났다. 뉘 크게 반길 리도 없는 데다 이 아이라고 장수할 리 없다는 예단 때문이었을까. 신생아에 대해 애착도 기쁨도 없이 무심한 산모는 탯줄만 간신히 자른 신생아를 윗목에 팽개치듯 놓아두었더라고, 피난 갔던 곳에서 연락받고 달려와 바라본 상황을, 큰언니는 지금까지도 실감나게 이야기한다. 아무리 씻기고 모양낸 옷을 입혀도(그래봤자 배냇저고리인데 무슨 모양을 냈을지) 예쁘지는 않았지만, 병치레 한번 없이 잘 자랐다고 했다. 내 어릴 때 기억도 남들보다 늦게 홍역과 홍역 끝에 백일해를 앓았을 뿐이다. 그렇게 무럭무럭? 잘 자랐지만, 생일상 한번 제대로 받아보지 못한 어린 시절이다.

생이란 서럽고 막막해서 울음조차 막힐 때가 있지만, 때로는 그 설움의 보상으로 기쁨이 잠깐 고개를 내밀기도 한다는데 아마 내 예순여덟 생일이 그런 것 아닐까 싶다.

앞으로 몇 번의 생일을 더 맞게 될지 알 수 없지만, 설사 서운하고 섭섭한 날이 된다 해도 기억에 남는 생일을 생각하며 참을 수 있지 않을까? 분명 그렇게 하리라 고개를 끄덕여 본다.

나의 삶

어설픈 글쟁이로 이름을 올리고 살아온 지 20여 년. 겉으로야 적당한 간격으로 작품집을 내고 크고 작은 상도 받고 고만고만한 문단을 이끌어가기도 하니 그런대로 괜찮아 보일 수 있지만, 실상은 매일매일 쫓기듯 불안하게 산다. 글 한 줄 이어나가는 것도 벅차서 숨을 헐떡이다가 가까스로 한 편을 엮었다 싶어 읽어보면 버릴 것이 더 많아 '타 다다닥' 지우고 다시 편집 메뉴에 들어가 '되돌리기'를 했다가 다시 지우기를 반복하기 일쑤, 그마저도 안 되는 때가 많아 "에이, 그만두자. 이깟 글 써서 뭘 하겠다고, 사서 이 고생일까." 혼자 중얼대며 자판에서 손을 떼고 편한 자세로 기지개를 켜는 순간 홀가분한 몸과 마음이 하늘을 난다.

글 쓰는 일 외에 하고 싶고 해야 할 일들을 머릿속에 그리다가 후다닥 일어나 행동으로 옮긴다. 동영상으로 본 간편한 무장아찌를 만들기 위해 씻어놓은 무를 적당한 크기로 잘라 흑설탕에 절여놓고 진즉 재워둔 머루를 걸러서 유리병에 봉해 놓고…. 개운하게 마른빨래를 차곡차곡 개켜 제자리에 넣는다. 하는 김에 옷장 정리까지 한다. TV 살림 코너에서 본 대로 색깔별로 분류해서 걸고 보니 옷장이 넓어진 듯 훤하고 보기도 좋다. 또 뭐 할 일이 없을까. 굳이 노력하지 않아도 쉽게 익힌 일들 하면서 이렇게 만족하며 살면 되는데.

일이 막히거나 꼬일 때가 있다. 왜 이럴까? 이러면 안 되는데, 처음에는 당황하다가 어떻게든 풀어보려 힘을 써보다가 그래도 안 되면 하는 말, "팔자대로 사는 거지 뭐. 팔자가 그런 것을 어찌하겠어…." 등 팔자라는 말을 떠올린다. 자기 합리화를 위한 방패막이로 쓸 때가 많은 이 말을 곧잘 쓴다.

그렇다. 팔자인지도 모른다. 언니 오빠들에게 수없이 듣고 나도 글에 여러 번 썼던 "나무가 춤을 춰요." 아버지 등에 업혀서 바람에 흔들리는 나뭇잎을 보고 했다는 내 말 한마디에 아버지는 "얘는 커서 글 쓰는 사람이 될 것이다." 했단다. 네댓 살 때쯤의 그 얘기가 기억될 리 없지만, 초등학교 때부터 글짓기상을 받아 올 때면 언니, 오빠들이 으레 하던 소리다. 그때는 글쓰기가 어렵다고 생각할 필요도 없이 그냥 보이는 것을 생각대로 옮기면 따라오는 칭찬인 줄 알았다. 중고등학교 문예반 활동하면서는 구체적인 장래 희망을 소설가라 써낸 적도 있다.

글과 나는 그렇게 불가분의 관계를 맺는 듯했으나 내 역량을 깨닫는 나이가 되면서 그것은 꿈에 불과하다는 것을 자연스럽게 익히며 현실에 적응하며 살았다. 그렇게 얼마의 세월이 흘렀을까. 글쓰기 갈망에 불 지핀 등단은 쉰이라는 나이도 잊은 채 세상을 다 가진 듯 기쁘기만 했다. 그러나 불땀은 여일하지 않은 희나리 같아서 눈물, 콧물에 머리까지 지끈거릴 때가 많다. 손 털고 일어서면 그만인 것을, 그리 못 한 채 애물단지 끌어안듯 안고 애면글면하는 이것은 분명 팔자 탓일 거다. 아버지 말씀대로 글 쓰는 사람이 되었으니 써야만 하는 글인데 써지지 않아 곤혹스러운 팔자, 죽을 때까지 이어질 이 팔자대로 끼적이며 지우기를 반복하며 사는 것이 나의 문학이고 삶일 수밖에.

쌀밥

 밥에 힘이 없다. 푹 퍼진 죽처럼 입속에서 맥없이 풀어지는 것 같은 느낌이 영 싫다. 도정일이 며칠 지나지 않은 쌀을 사서 밥물도 정량에 맞췄는데 그렇다. 나도 남편도 두어 술 뜨다 숟가락을 놓아버렸다. 이름도 가격도 각기 다른 쌀 중 예쁜 이름의 낮은 가격대 쌀을 골랐더니 싼 것이 비지떡인지. 비빔밥으로 김밥으로 달리 조리해도 마찬가지, 다이어트 식품이 되어버렸다.
 며칠이 지났다. 습관적으로 해 먹던 잡곡밥 대신 모처럼 순 쌀밥을 지어봤다. 이런, 이런, 여느 때와 다름없는 고슬고슬한 밥이 아닌가. 주를 이루는 푸성귀 밑반찬으로 밥 한 공기를 금방 비웠다.
 '쌀'이라는 하나의 보통명사로만 불리던 때가 그리 오래되지 않았다. 보리밥이라도 배불리 먹기를 바라던 때나 부족한 쌀 대신 분, 혼식을 장려하며 점심시간 일일이 도시락 검사를 받던 때나 쌀은 그저 쌀이었다. 자취하는 친구가 작은 냄비에 갓 지어낸 쌀밥은 시어 터진 김치 하나만으로도 꿀맛이던 때도, 본식구 일곱에 주말이면 배가 되는 식구로 한 달 70kg의 쌀을 소비할 때도 그냥 쌀이라 불렀다.

친정이나 시댁이나 좋은 쌀 나오는 지역이 아니다. 더구나 논이 적었던 친정은 가난에 찌든 삶이 아니어도 쌀은 항상 귀했다. 시댁은 그리 넉넉한 생활이 아니어도 가을에 수확한 쌀이 이듬해 쌀 나올 때까지 뒤주를 채웠으니 좋은 쌀, 나쁜 쌀 구분이나 판단할 기회가 있을 리 없다.

그런 쌀이 생산지 뒤에 갖가지 추상명사나 아름다운 형용사 붙인 이름을 달고 마트 곡물 판매대에 쌓여있다. 생각이나 행동이 얇은 난 그 이름에 혹할 때가 많다. 이성적인 남편과 장을 볼 때면 핀잔 듣기 딱 좋다. 그래도 다른 물건을 살 때와 달리 쌀을 살 때는 그 무게 때문에 항상 동행하게 되니 내 의견은 무시되어 좋은 것을 좋은 줄 모르고 온갖 잡곡과 섞어 별생각 없이 먹어온 것이 다행인지 불행인지. 모처럼 혼자 장을 본 뒤에야 다른 것과 어울려서도 제맛 잃지 않는 쌀이 좋은 쌀임을 알았다. 그런데도 물 조절뿐인 전기밥솥에 하는 밥의 질은 항상 고르지 않고 쌀독 쌀은 쉽게 굳지 않아 밥을 지을 때마다 신경이 쓰인다.

요즘 뉴스 한 꼭지를 차지하는 사람이 그런 쌀과 같은 건 아닐까? 하는 생각이 든다. 잘 나가는 집안에서 일류대를 나와 재벌 가문의 사람이 되었지만, 사람을 아우르지 못해 분노조절 장애라는 병명의 환자로 치부한다 해도 결국 좋은 사람이 못 되는 것 아닌가. 애초 무엇인가의 결핍으로 다른 것과 섞이지 못하는 치명적인 결함으로 대를 이어 여러 사람 입에 오르내리니. 어디 이 가족들뿐인가. 극히 좋은 머리를 가졌거나 좋은 집안의 자제로 혼자서는 뛰어나던 이도 무리 속에서의 따돌림을 혼자서만 모르고 있는 것 같은 답답한 사람들도 있고.

오늘도 잡곡 조금 섞어 씻은 쌀에 약간 부족하다 싶게 물을 부어서 한 밥이었지만 원하는 식감은 기대와 바람만으로 담았던 밥 절반은 다시 밥통 속으로 들어갔다.

보리밥이 정말 먹기 싫던 어린 시절 바람 중 하나가 매끼 쌀밥만 먹는 것이었다. 그런 시절에 대한 보상이라면 지금 삶에 감사해야 하는데 쌀독에 담긴 쌀이 빨리 떨어지기를 바라는 난 진정 남과 잘 어우러져 살고 있는지 모르겠다. 나 혼자만 잘살고 있다고 착각하는 것은 아닌지.

서울의 옛 일부 도성都城을 걷는 단체답사 일이었다. 높낮이가 심한 곳도 있었지만, 정리가 잘되어 있어 앞뒤 젊은 회원들이 헉헉대도 난 무리 없이 걷다가 같이 쉬는 중이었다. 옆 회원의 어떤 물음에 "응."이란 짧은 답을 했을 뿐인데 내 말이 떨렸다며 힘든 모양이라 했다. 나만 모르는 내 힘 버티기였나? 남과 어울리지 못한 채 혼자 놀고 혼자 만족한 것은 아니었을까. 내 집 쌀독의 쌀 빨리 비워지기를 바라듯, 오래 지키고 있는 자리 비워주기를 젊은 회원들이 바라는 것은 아닐까? 쌀밥이라고 다 같은 쌀밥은 아니니.

대원군 당신이 그립습니다

"가지 말라고 해도 부득불 가는 것을 어떻게 막아요?"
"에이, 그게 문제라니까요. 버스 타기도 무섭고 원……." 앞뒤 자른 채 두 사람이 나눈 대화지만 몇 안 되는 승객 모두 그 말뜻을 안다는 듯 끌끌 혀 차는 소리가 마스크 쓴 밖으로도 또렷이 들린다. 80대 부부가 관절염 치료받는 병원으로 언제나처럼 가는 길이었지만 흉흉해진 민심과 소문은 그렇게 몹쓸 짓이라도 하는 것 같이 회자한다. 도시나 농촌, 어른이나 아이, 길에서나 차 안에서 나누고 들리는 소리는 온통 메르스(중동호흡기증후군) 이야기다. 소문은 항상 부풀려 퍼지기 마련이지만 이번 메르스라는 질병은 부풀린 소문 아닌 실제로 전해지는 사망자 수와 감염자 수가 불안을 넘어 공포로 다가온다. 벌써 며칠째인가. 형체도 없는 것이 이렇게 온 나라를 휩쓸며

들썩이는데 이를 잠재울 특별한 방법도 조치도 없다. 2백여 년 전 조선을 초토화했다는 콜레라와 다를 것이 없는 것 같음은 무슨 장난 같은 현실인가. 1821년 병이 발발한 지 한 달 만에 10만 이상이 죽었다고 하는 콜레라, 뚜렷한 병명도 치료법도 없이 괴이한 병(怪疾)이란 이름으로 수없이 죽어 나가는 사람을 보는 민심은 어땠을까. 그때와 비교할 수 없는 문화와 문명의 발달 속에서도 전염되는 질병의 두려움과 정보에 대한 불신으로 이렇게 흉흉한데.

전염이 미비해서 쉽게 지나가기도 하고 예방이나 처치가 확실해서 큰 피해 없이 없어지기도 하는 유행성 질병들. 내가 직접 경험한 것이 많지 않음이 새삼 고마운 날들이다. 그러나 아주 오랜 기억으로 뚜렷이 떠오르는 것도 있다. 염병으로 더 많이 불리던 장티푸스는 위생도 치료도 허술할 수밖에 없는 작은 시골 마을 곳곳까지 퍼진 무서운 전염병이었다. 결석하는 친구가 늘고 온 가족이 앓기도 하며 한 마을에서 몇 명이 죽었다는 소문 또한 사실이었다. 내 친한 친구 윤자도 그렇게 갔다. 다행히 완치되어 나온 친구들도 핼쑥해진 얼굴에 빠졌다가 새로 난 머리카락이 삐죽삐죽 올라와 남녀 구별이 어려웠다. 그런 친구들을 빨치산이라고 놀리는 것도, 길가에 피어난 접시꽃 한 묶음 들고 언덕 위 윤자의 작은 무덤에서 섧게 울던 것도 열 살인 우리였다.

그 후 십여 년이 지나간 여름, 역시나 접시꽃 만발하던 때

퍼졌던 출혈성 결막염은 아폴로 11호가 처음 달에 착륙한 시기에 유행하여 붙여진 일명 아폴로 눈병이다. 시골에서 사회초년생으로 풋풋한 사랑을 꿈꾸던 시절이었다. 유행하는 눈병으로 하얀 안대를 한 채 바다를 건너온 그리운 사람은 작은 면面에 병을 옮긴 주범, 요즘 말하는 슈퍼 전파자였다. 강한 전염력을 가진 눈병은 나와 우리 식구와 직장 동료를 시작으로 점점 퍼져 그 수를 셀 수 없을 정도였고 난 그대로 죄인이었다. 생명에 지장이 있거나 오래가지는 않았지만, 워낙 파급효과가 커서 죄의식과 함께 미안함과 부끄러움 또한 오래 씻어지지 않았다. 메르스로 격리당하거나 당했던 사람들이 "병으로 인한 통증이나 두려움보다 주위의 시선과 통제에 대한 소외감이 더 큰 아픔이었다." 하는 말이 가슴에 와닿는다.

고향 집 가는데 한나절이 꼬박 걸리던 때는 호랑이 담배 피던 시절 이야기다. 세계는 하나, 지구촌, 전국 일일생활권 등 상상할 수 없는 일과 말이 일상이 되어 있는 현실이다. 빈곤한 생활을 두루마리 화장지가 두통밖에 남지 않았다. 표현하는 시절이기도 하다. 그러나 요즘 같으면 세계의 정세 파악 제대로 못 한 폐해는 다 접은 채 대원군의 쇄국정책이 그립기도 한 날들이다.

■ **연보**

약력
전주성심여고. 방송통신대 가정학과
전라북도문화관광해설사(2001년~현재 진안마이산 근무)
국가지질공원해설사(2015~현재 진안마이산 근무)

문단경력
2001 전북대평생교육원에서 수필 시작
2002 ≪수필과비평≫ 수필 등단
2001 ~ 현재 ≪행촌수필≫ 동인 활동
2003 ~ 현재 ≪수필과비평 작가회의≫ 동인 활동
2003 ~ 현재 ≪진안문학≫ 동인 활동
2003 ~ 현재 ≪전북수필〉 ≪전북문단≫ 동인 활동
2022   ≪작가의 문장≫ 활동
2014 ~ 2016 ≪행촌수필≫ 회장 역임
2017 ~ 2018 ≪수필과비평≫ 전북지부 회장 역임
2013 ~ 현재 ≪진안문학≫ 편집장

저서
2009 수필집 ≪그 사람≫
2014 수필집 ≪창밖의 여자≫

2019 수필집 ≪물 위에 쓴 편지≫
2022 수필선 ≪남편의 그녀≫

수상
2011. 〈행촌수필문학상〉
2013. 〈진안문학상〉
2015. 〈전북예술상〉
2019. 〈전북수필문학상〉
2019. 〈수필과비평문학상〉
2022. 〈올해의 수필인상〉

현대수필가 100인선 Ⅱ· 84
이용미 수필선

남편의 그녀

초판인쇄 | 2022년 7월 15일
초판발행 | 2022년 7월 20일

지은이 | 이 용 미
펴낸이 | 서 정 환
펴낸곳 | 수필과비평사 · 좋은수필사

주　소 | 서울시 종로구 삼일대로 32길 36
　　　　(익선동 30-6)운현신화타워 305호
전　화 | 02)3675-5635, 063)275-4000
등　록 | 1984년 8월 17일 제28호
홈페이지 | http://www.shinapub.com
e-mail | essay321@hanmail.net

값 10,000원

ISBN 979-11-5933-407-8　　04810
ISBN 979-11-85796-15-4　(전 100권)

* 저자와 협의하여 인지는 생략합니다.
* 잘못된 책은 바꿔 드립니다.